剪映+ DeepSeek+ 即梦 短视频制作

人 民 邮 电 出 版 社

北 京

图书在版编目（CIP）数据

剪映+DeepSeek+即梦：短视频制作 / 黄临川著.

北京：人民邮电出版社，2025. -- ISBN 978-7-115
-67942-0

Ⅰ. TP317.53

中国国家版本馆 CIP 数据核字第 20254TV232 号

内 容 提 要

本书是系统掌握剪映操作的实用指南。全书以剪映 App 为主线，兼顾剪映专业版，结合基础操作和大量案例演示，从入门认知、基础功能详解到创意技法应用，最终深度整合 AI 工具（DeepSeek+即梦），帮助读者构建完整剪辑工作流。横向知识拓展上，大部分章节采用"基础操作+实操案例+剪映 AI 工具+知识拓展"的结构，确保理论与实战结合。

本书适合零基础短视频剪辑爱好者、有一定经验的进阶创作者、短视频/自媒体从业者使用，也可以作为高等院校网络与新媒体、数字媒体艺术、影视摄影与制作、广播影视节目制作等相关专业的教学用书。

- ◆ 著　　　　黄临川
  责任编辑　吴晋瑜
  责任印制　王 郁　胡 南
- ◆ 人民邮电出版社出版发行　　北京市丰台区成寿寺路 11 号
  邮编　100164　电子邮件　315@ptpress.com.cn
  网址　https://www.ptpress.com.cn
  临西县阅读时光印刷有限公司印刷
- ◆ 开本：720×960　1/16
  印张：15　　　　　　　　　　　2025 年 9 月第 1 版
  字数：373 千字　　　　　　　　2025 年 9 月河北第 1 次印刷

定价：79.80 元

读者服务热线：(010)81055410　印装质量热线：(010)81055316
反盗版热线：(010)81055315

我们正生活在一个人人皆可创作的时代。短视频的蓬勃发展，让视觉表达深度融入大众的日常生活，普通人得以通过镜头轻松记录生活、传递个人见解、释放创作潜能。然而，创作热情与技术门槛之间，始终存在着难以忽视的落差。那些鲜活的灵感、那些绝妙的创意、那些动人的故事，往往被复杂的操作界面、繁复的流程或者素材的匮乏所阻碍。剪映的出现，正在悄然弥合这道鸿沟。它极大地降低了专业视频制作的门槛，重塑了剪辑工作流程，同时通过AI赋能，为创意表达提供了前所未有的可能性。

作为一名有着十余年影视剪辑教学和实战经验的教育从业者，笔者经历了数字非线性编辑的技术变迁，对剪映带来的改变深有感触。本书凝聚了笔者对传统剪辑逻辑与新兴工具的深度思考：既要解答如何利用剪映高效、便捷地实现专业效果，更要探讨在AI时代如何守护创意的核心价值。

正是这些观察和思考，促使笔者编写了本书。笔者希望：

- 帮助**新手用户**快速掌握剪映的核心功能，跨过技术门槛，自信地开始创作之旅；
- 帮助**有一定经验的用户**理解剪映独特的设计理念和高效工作流，解锁进阶技巧，提升作品质感；
- 帮助**所有创作者**理解并善用AI等新技术，让工具真正为创意赋能，释放更大的创作潜能。

■ 本书特色

本书结构清晰，由浅入深，理论与实践紧密结合，旨在为不同基础的读者提供系统、实用的剪映操作指南，其主要特色体现在以下方面。

1. 四大维度，纵向进阶

本书共14章，采用循序渐进的模块化设计，旨在引导读者从基础操作走向创意实践，最终掌握AI赋能的完整工作流。

- **快速入门指南维度：** 为零基础读者设计，提供剪映软件和短视频创作的概览性介绍，帮助读者建立基础认知，感受到剪辑的乐趣。
- **基础功能纵览维度：** 详细拆解剪映的基础功能和操作，引导读者系统学习剪辑基础知识，完成简单视频的制作。
- **创意技法赋能维度：** 梳理时下短视频流行技法，结合剪映进阶工具，帮助读者充分利用工具实现创意，为创作赋能。
- **AI技术赋能维度：** 借助剪映的AI功能，以及与DeepSeek、即梦等其他AI工具联动，提升创作效率，帮助读者解决如何持续高效产出优质内容的问题。

2. 横向贯通，知识拓展

为了确保学习的深度和应用的广度，大部分章节采用了"基础操作+实操案例+剪映AI工具+知识拓展"的结构设计。

- **实操案例：** 书中包含大量来源于创作实践的精选案例，比如"修复废弃素材""主播AI换脸""口播智能剪辑""希区柯克变焦"等，配有具体的操作指导，引导读者动手实践，确保学以致用。
- **剪映AI工具：** 设置独立小节分析本章内容中可以应用的剪映内置AI工具，让读者在掌握基础剪辑操作的同时，自然理解如何用AI工具提升实际的工作效率。

● **知识拓展：** 包含技巧提示、相关背景知识、常见问题解答等，拓宽读者视野。

3. 双平台覆盖，适配多元需求

本书以剪映移动版（App）的核心功能讲解为主线，确保手机用户能够快速掌握日常剪辑技巧。同时，每章特设独立小节集中剖析剪映专业版（桌面软件）在相同场景下的进阶操作与差异点。

4. AI深度整合，提升创作效率

本书不仅讲解剪映内置AI功能，更关注从素材准备、编辑制作到成品输出的各个环节中，如何有效整合剪映自身的AI功能及其他AI工具，形成高效的工作流程。

本书写作过程中，融入了笔者多年的教学及实践经验，更多的是得到了许多帮助和鼓励：感谢本书的责任编辑吴晋瑜老师和特邀策划王峰松老师，你们的支持与鼓励推动了本书的顺利付梓；感谢朱则铭、徐智帮助制作了许多优秀的案例，成为本书的一大亮点；蔡乐、罗好、王茜等对本书的插图绘制亦有贡献，特此表达衷心感谢。

由于笔者水平有限，书中难免存在疏漏和不足之处，恳请广大读者指正。

最后，衷心希望这本书能得到您的青睐，成为一本架起桥梁的书——连接创意与技术，连接过去与未来，帮助每个人在这个视觉表达的时代，更好地讲出自己的故事。

黄临川

2025年6月

CONTENTS

目录

第 **7** 章

调色：废片秒变氛围感大片

第 **8** 章

合成：开启视觉冲击魔法

第 **9** 章

运动：动起来的画面更好玩

第 1 章

初识剪映：快速打开
短视频制作的大门

答案在路上
The answer is on the way

照片　　相机

备忘录　备选文件夹

短视频正在重新定义现代人的表达方式——无论是记录生活片段、分享知识观点，还是打造个人品牌，一段15s的视频可能比千字图文更具传播力。而在这场短视频创作浪潮中，剪映凭借其"智能、易用、开放"的特性，成为全球上亿用户的首选工具。

剪映

与其他视频软件相比，剪映有如下独特优势。

- 对新手友好：无须学习复杂的时间轴与参数调节，剪映的智能工具让剪辑像拼积木一样简单。
- 对创作者高效：一键同步抖音热点，自动匹配热门背景音乐，紧跟流量趋势。
- 对专业用户兼容：专业版支持 4K 导出、多轨道剪辑，满足进阶需求。

本章将从零开始带你安装剪映，熟悉其界面与功能，并创作首条短视频。无论你是想制作朋友圈创意短片，还是想成为短视频博主，本章介绍的基础技能都将成为你内容创作的"敲门砖"。

1.1 下载、安装与登录

剪映提供了移动版（App）和专业版（桌面软件）两个版本，可满足用户的不同创作需求。移动版支持 Android/iOS 设备，界面简洁、操作直观，适合手机端快速剪辑短视频和日常分享。专业版专门为计算机端开发，功能更强大，可以满足复杂视频项目的精细处理需求。两者安装方式与界面布局均有所不同，创作者可根据设备与创作场景灵活选择。

1.1.1 下载与安装

1. Android系统手机下载与安装剪映

打开手机，在手机桌面单击"应用市场"图标，如图 1-1 所示。进入应用市场后，在顶部搜索栏中输入"剪映"，在搜索结果中找到剪映 App，单击"安装"按钮并等待安装完成，如图 1-2 所示。

图1-1

图1-2

2. iOS系统手机下载与安装剪映

打开手机，在手机桌面单击"App Store"图标，如图 1-3 所示。进入 App Store 后，在顶部搜索栏中输入"剪映"，在搜索结果中找到剪映 App，单击"获取"按钮下载，如图 1-4 所示。安装完成后桌面会显示剪映图标，如图 1-5 所示。

图1-3　　　　　　　　　图1-4　　　　　　　　　图1-5

3. 剪映专业版的下载与安装

剪映专业版的下载、安装方式与剪映 App 不同，需要在计算机上操作，具体方法如下。

在计算机浏览器中搜索"剪映专业版"，如图 1-6 所示。进入剪映官方网站以后，在主页单击"立即下载"按钮，如图 1-7 所示。

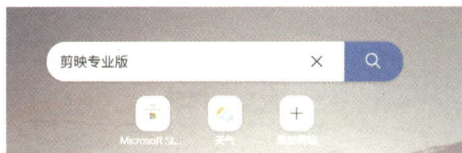

图1-6　　　　　　　　　　　　　　　　图1-7

随即跳转至下载页面，页面中提示了安装步骤，剪映专业版安装器也同时自动下载到计算机中，如图 1-8 所示。在下载列表中双击剪映专业版安装器，即可自动安装，创作者还可以自定义安装路径，如图 1-9 所示。

图1-8　　　　　　　　　　　　　　　　图1-9

1.1.2 登录剪映

安装完成以后,就可以登录剪映了。不管是剪映 App 还是剪映专业版,都有多种登录方式。作为抖音官方推出的剪辑软件,剪映支持创作者使用抖音账号登录。这样剪映不仅自动同步抖音昵称与头像,登录后还可以直接使用抖音收藏的音乐,并一键发布作品至抖音平台,实现剪映和抖音的无缝衔接。登录方式如图 1-10 和图 1-11 所示。

图1-10

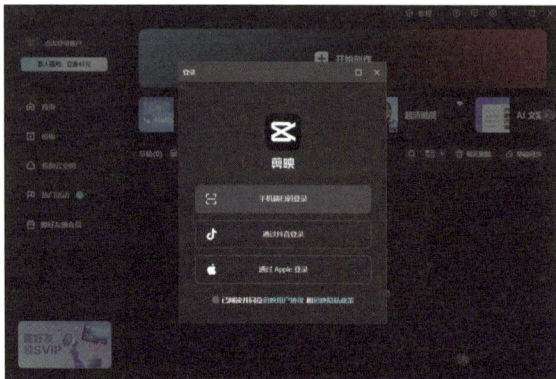

图1-11

1.2 剪映App的界面与功能

熟悉剪映 App 的界面与功能可以大幅提升剪辑效率。本节将通过图文对照的方式,系统讲解各功能区的布局与作用,帮助创作者快速锁定核心工具位置,让剪辑操作更精准、高效。

1.2.1 开始界面

打开剪映 App,进入开始界面。在正式开始创作之前,我们可以单击底部导航的功能按钮,切换界面,选择相应的功能,快速启动工作项目,如图 1-12 所示。

1. 剪辑界面

默认的剪辑界面包含"开始创作"按钮、近期草稿、各种创作工具等,如图 1-12 所示。

2. 模板界面

单击底部导航的"剪同款"按钮■,进入模板界面,如图 1-13 所示。可以看到,剪映为创作者提供了大量不同类型的模板,可供创作者根据需要选择合适的模板直接套用。

3. 草稿界面

单击底部导航的"草稿"按钮■,就进入草稿界面,如图 1-14 所示。在用剪映剪辑视频时,系统会自动将工程文件或者工作进度保存在草稿箱里。这个界面就是用来管理草稿的。

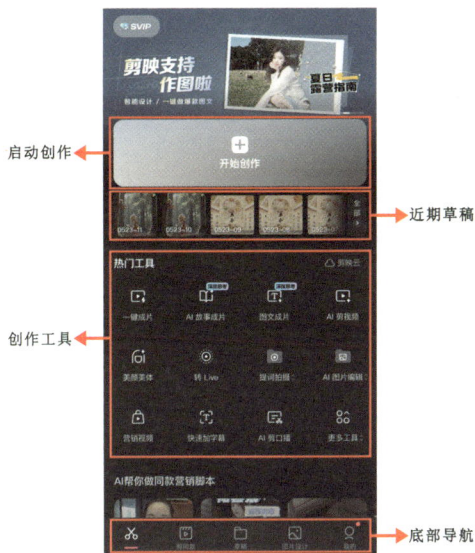

图1-12

图1-13

4. 图片设计界面

单击底部导航的"图片设计"按钮![图标]，就进入图片设计界面，如图 1-15 所示。图片设计是剪映的新增功能，支持图片制作。单击底部导航的"我的"按钮![图标]，则进入个人主页，可以编辑个人资料、整理收藏的模板等。

图1-14

图1-15

1.2.2 操作界面

在开始界面单击"开始创作"按钮⊞，即可进入操作界面，它由预览区、时间轴和工具栏三部分组成，如图1-16所示。

图1-16

1. 预览区

预览区用来实时查看视频效果，显示的是当前时间线所处的那一帧画面。有的时候，我们还可以用双指在预览区上张合或者移动，以快速地调整画面的缩放和位置。

2. 时间轴

时间轴是剪辑视频的核心区域。我们可以在轨道上添加视频、音频、文字等多层素材，拖动时间线精确定位某一帧画面。时间轴详细的功能介绍如图1-17所示。

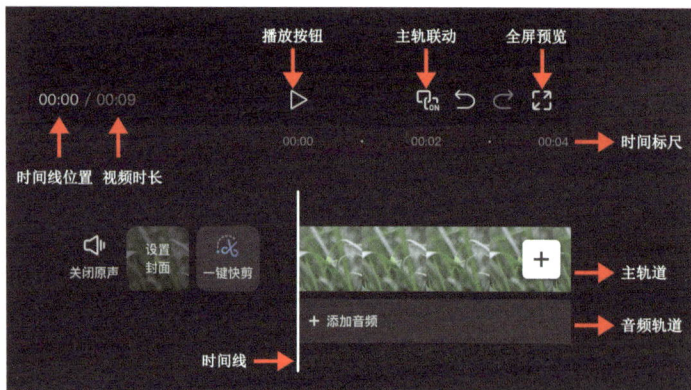

图1-17

3. 工具栏

工具栏位于界面最底部，包含了剪映中几乎所有的功能按钮。在不选中任何素材的情况下，底部显示一级工具栏，具体功能介绍如图 1-18 所示。单击一级工具栏中的按钮，即可切换到二级工具栏，就能看到一些更精细化的操作按钮，其具体的操作方法参见后续章节。

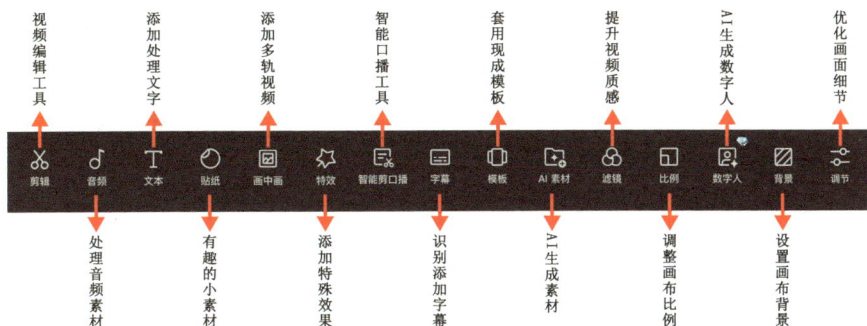

图1-18

1.3　剪映专业版的界面与功能

剪映专业版的界面与剪映 App 有很大的不同，一些手机上无法实现的功能会在专业版中体现。两者的操作逻辑是一样的，创作者在了解基本的界面功能和操作手法以后，对两者的使用就能融会贯通。

1.3.1　开始界面

打开剪映专业版，进入开始界面。在正式开始创作之前，我们可以单击左边导航的功能按钮，切换界面，选择相应的功能，快速启动工作项目，如图 1-19 所示。

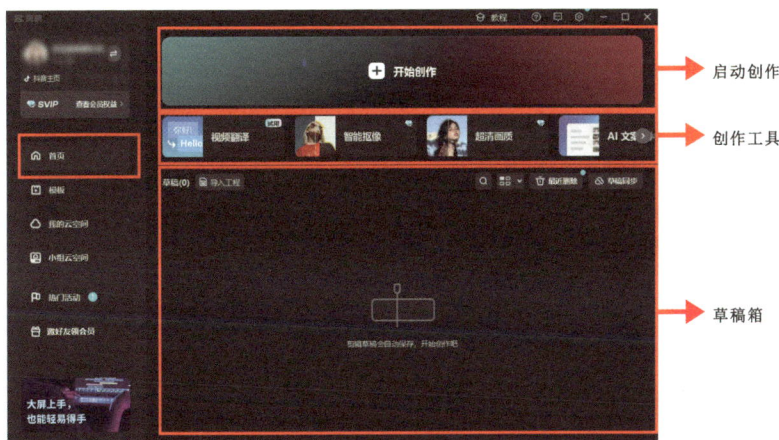

图1-19

1. 首页

默认的首页包含"开始创作"按钮、各种创作工具、草稿箱等，如图 1-19 所示。

2. 模板界面

单击左边导航的"模板"按钮▣，就进入模板界面，如图 1-20 所示。我们可以看到剪映专业版也提供了大量不同类型的模板，创作者可以根据需要选择合适的模板直接套用。

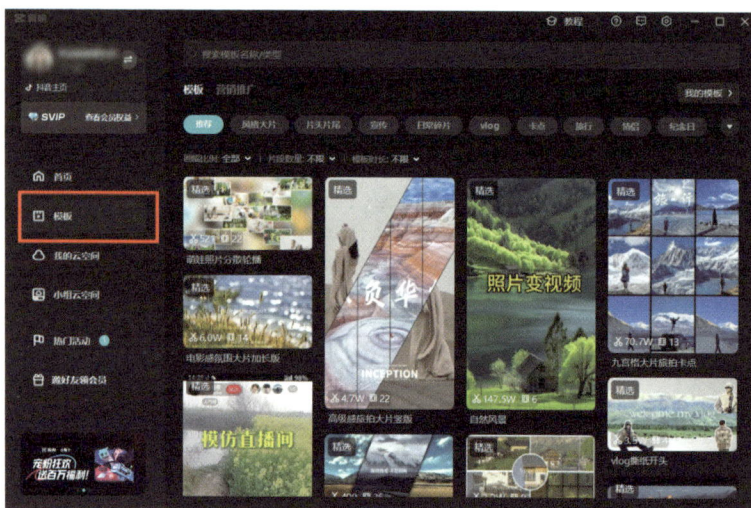

图1-20

1.3.2　操作界面

在开始界面单击"开始创作"按钮⊞，即可进入操作界面，它由工具栏、素材区、预览区、属性区和时间轴五部分组成，如图 1-21 所示。

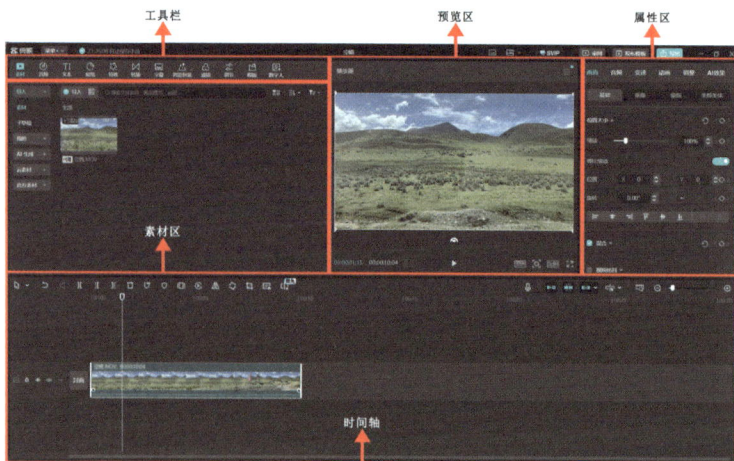

图1-21

1. 工具栏

工具栏位于界面左上方，包含素材导入、音频、文本添加、贴纸、特效、转场、字幕、智能包装、滤镜、调节、模板、数字人等核心功能入口。选择"素材"选项后，可以将素材导入素材库，如图 1-22 所示。

2. 素材区

选择工具栏中的不同选项，素材区会切换至相应的界面，可供用户进行视频、文字、音效等内容的导入或创建，如图 1-23 所示。

图1-22

图1-23

3. 预览区

预览区占据界面中央区域，实时显示视频剪辑效果。我们可以用快捷键 Ctrl+ 鼠标滚轮，快速地调整画面显示的比例，其他详细的功能如图 1-24 所示。

4. 属性区

选中时间轴中的某段素材后，可以在属性区中调整该素材的属性参数。选中视频、文字、音频素材后，属性区显示的界面分别如图 1-25 至图 1-27 所示。

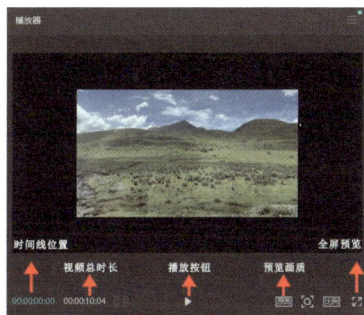

图1-24

图1-25

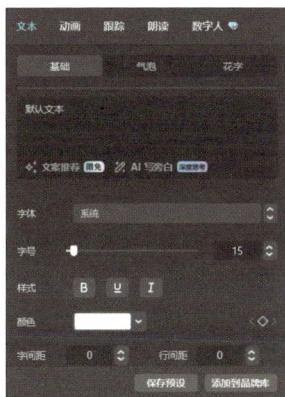

图1-26

图1-27

5. 时间轴

剪映专业版时间轴支持多轨道分层编辑，多段视频素材、音频、文本、贴纸等都可以同时显示在时间轴中，如图 1-28 所示。而剪映 App 通常只显示主轨道，如果要实现多段视频同时分屏显示，只能靠画中画的功能实现。相比剪映 App 适用于碎片化剪辑，剪映专业版能够提高剪辑效率，适合专业级创作。

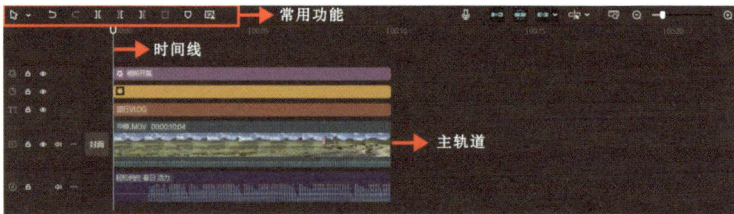

图1-28

1.4 剪映的团队协作与多端同步

剪映不仅支持个人创作，还提供了便捷的团队协作功能，尤其适合自媒体团队、企业宣传部门等多人协同场景。通过云空间与多端同步，用户可以在手机、平板电脑、计算机之间无缝切换项目，实现高效创作。

1.4.1 个人云空间

打开剪映 App，登录抖音账号。在开始界面单击"剪映云"按钮（见图 1-29），进入"云空间"界面，选择"我的云空间"，如图 1-30 所示。进入"我的云空间"界面，可以看到之前备份的视频项目，也可以单击右下角的 ➕ 按钮，把草稿箱中的项目上传到云空间，如图 1-31 所示。

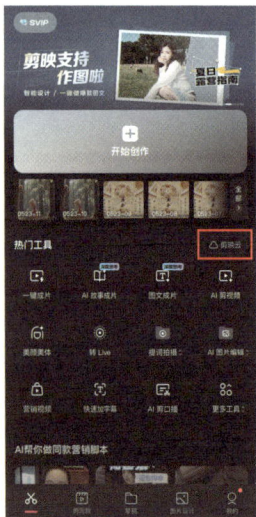

图1-29

图1-30

图1-31

打开剪映专业版，登录同一个账号。在开始界面单击"我的云空间"按钮，如图1-32所示，就可以看到之前在手机上备份的项目。

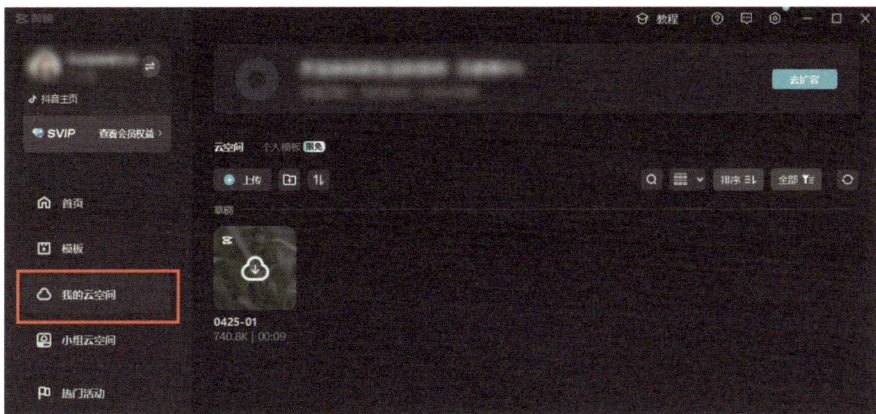

图1-32

1.4.2 小组云空间

小组云空间专为团队设计，支持多人实时协作、版本管理，可避免文件传输混乱。同样在开始界面单击"剪映云"按钮🌩️，在打开的"云空间"界面中，选择已有的或者新建一个小组云空间，如图1-33所示。进入"小组云空间"界面，可以看到之前备份的视频项目，也可以单击右下角的🔴按钮，将草稿箱中的项目上传到小组云空间。还可以单击右上角的👥按钮，邀请新的成员加入，这样小组内的成员就可以同步编辑项目，如图1-34所示。

图1-33

图1-34

打开剪映专业版，登录同一个账号。在开始界面单击"小组云空间"按钮，如图 1-35 所示，就可以打开同一个小组云空间并进行编辑。

图1-35

1.5 AI创作初体验：零门槛生成第一条视频

剪辑技术的学习需要过程，我们在后面的章节中会循序渐进地讲解剪映操作和剪辑技法。值得一提的是，剪映的 AI 功能降低了剪辑的门槛，为新手指引了创作捷径。通过一键成片、剪同款等工具，创作者无须掌握复杂操作，几分钟就能生成一条可直接发布的短视频作品——这既是创作信心的起点，也为后续深入学习专业剪辑技术埋下伏笔。

1.5.1 一键成片：智能匹配素材与音乐

剪映的"一键成片"是一个自动化视频生成工具。创作者只需上传照片或视频素材，系统将自动分析内容，并且智能匹配模板、音乐、转场等元素，一键生成完整视频，该功能适合素材多样同时追求快速出片的场景。

打开剪映 App，在开始界面单击"一键成片"按钮▣，如图 1-36 所示。在打开的素材选择界面中，选择想要使用的多段素材，单击"下一步"按钮，如图 1-37 所示。系统将根据素材类型，匹配相应风格的转场特效、背景音乐、文字等。创作者选择喜欢的视频效果后，就可以单击右上角的"导出"按钮，直接输出，如图 1-38 所示。也可以单击"点击编辑"按钮，在导出前对视频内容进行手动调整。

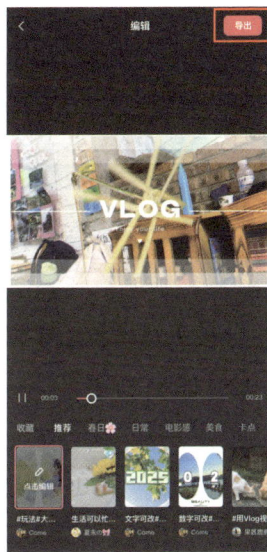

图1-36	图1-37	图1-38

1.5.2　剪同款：模板化快速创作

剪映的"剪同款"功能可供用户套用现成的热门模板，替换其素材，快速模仿流行视频或者制作风格统一的视频内容，适合新手或需要高效模仿流行效果的创作者。

打开剪映 App，在开始界面单击底部导航中的"剪同款"按钮，如图 1-39 所示。在打开的模板界面中，浏览提供的模板，也可以在顶部搜索栏中输入关键词搜索，如图 1-40 所示。选择喜欢的模板后，单击"剪同款"按钮，如图 1-41 所示。

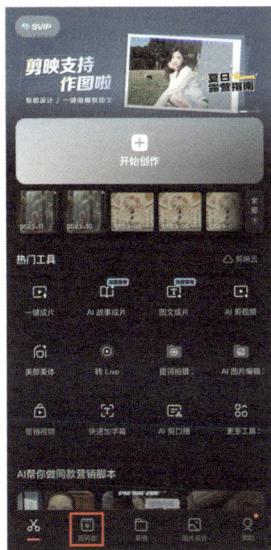

图1-39	图1-40	图1-41

　　在打开的素材选择界面中，按照提示上传对应数量的素材，如图 1-42 所示。系统将自动对齐模板节奏，生成相应视频。生成后，将进入编辑模式，创作者可以对素材进行调整和替换，如图 1-43 所示。也可以替换文字，添加自定义的内容，如图 1-44 所示。

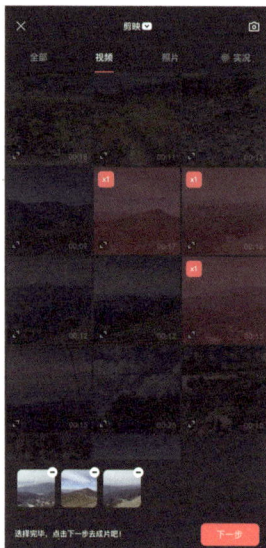
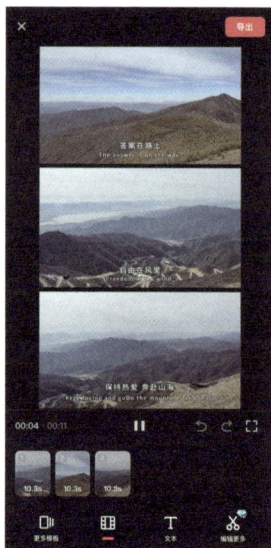

图1-42　　　　　　　　　　图1-43　　　　　　　　　　图1-44

第 **2** 章

拍摄基础：参数设置 与镜头语言解析

在正式开始剪辑视频之前，一项很重要的工作就是准备好素材，素材的质量直接关系到后期处理的难度。例如，错误选择帧率会导致动作卡顿、景别不当会让后期剪辑失去调整的空间、错误的运镜则直接影响剪辑的叙事张力。本章将讲解关于素材画面的一些核心参数与概念。通过学习这些内容，读者就可以在前期拍摄时，避免因参数错误或者构图缺陷导致二次返工，确保素材符合剪映的后期处理需求。

2.1 短视频的参数设置

视频的基础参数设置直接影响成片的画质清晰度、动态流畅度以及与各大平台的兼容性。本节将重点解析四组核心参数：分辨率决定画面精细度，帧率影响动作流畅度，画面比例需匹配播放平台，而视频格式与码率则需兼顾输出质量与文件大小。熟练掌握这些参数设置，有助于为后续剪辑提供高质量的原始素材。

2.1.1 像素与分辨率

像素是构成数字画面的最小单位，像素越多，画面越清晰，但文件也越大。视频分辨率是指画面在水平和垂直方向上的像素数量，直接决定画面的清晰度。分辨率越高，细节越丰富。例如，1920×1080 分辨率表示这张图片横向有 1920 个像素、纵向有 1080 个像素。1920×1080 分辨率称为全高清（Full HD），简称 1080P，也是目前最常见的画面。前期拍摄分辨率更高的素材，不仅画面更清晰，还能为后期制作留出更多的裁剪空间。常见的分辨率如图 2-1 所示。

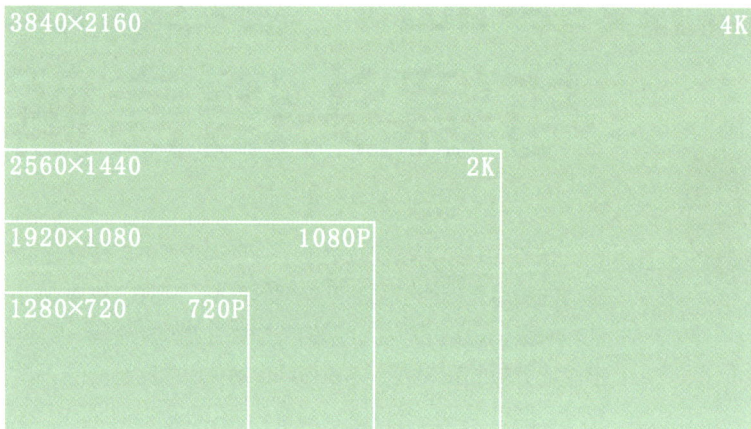

图2-1

常见的分辨率如下。

- 720P（1280×720）：满足低存储需求场景，适合快速分享的小文件。
- 1080P（1920×1080）：兼顾清晰度与文件大小，是短视频的主流选择。
- 2K（2560×1440）：适合高端游戏显示器、高分辨率录屏。
- 4K（3840×2160）：适合专业剪辑和后期裁剪，但需注意手机存储和剪辑性能限制。

2.1.2 帧与帧率

帧是视频的最小单位，每一帧相当于一幅静止的图像。当这些静态画面以足够快的速度连续播放时，由于人眼的视觉暂留现象，大脑将其感知为连续的运动影像，如图 2-2 所示。

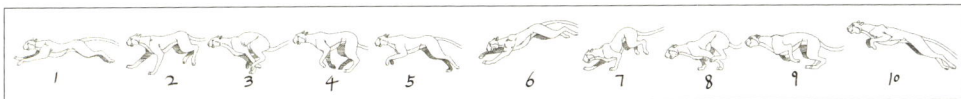

图2-2

　　帧率，简单来说，就是每秒播放的帧数，单位是 f/s（frames per second，FPS）。帧率直接影响视频的流畅度。高的帧率可以得到更流畅、更逼真的动画，但制作成本较高，需要专门的放映设备。低的帧率制作成本较低，存储空间较小，但是动作流畅度会降低。

　　媒体分类不同，其帧率标准也有所不同。

- **电影**：24 f/s，标准的电影帧率。
- **电视**：世界上主要使用的电视广播制式有 PAL、NTSC、SECAM 三种。我国采用 PAL 制式，帧率设定为 25 f/s。NTSC 制式的帧率为 29.97 f/s。
- **流媒体与短视频**：30 f/s，适合日常记录与直播。
- **游戏领域**：60 f/s 及以上，适合体育赛事、电竞直播，减少高速运动的拖影。
- **高速摄影**：120～1000 f/s，用于慢镜头动作。

2.1.3　画面比例

　　画面比例是视频画面宽度与高度的比例，又名纵横比或者长宽比，决定了视频的展示方式和观众的观看体验。不同的画面比例适用于不同的场景和目的，例如 9：16 的画面适用于手机端观看，如图 2-3 所示。16：9 则是标准的横屏比例，适用于大多数主流平台，如图 2-4 所示。图 2-5 是照片常采用的 3：4 比例。

图2-3

图2-4

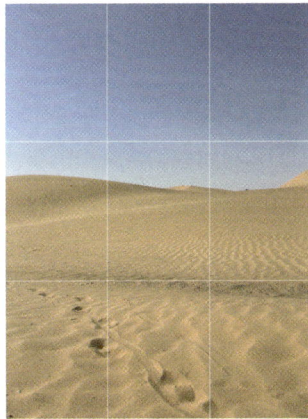

图2-5

常见的画面比例如下。

- 1：1：正方形比例，适用于社交媒体头像等。
- 4：3：传统矩形比例，是早期电视和电影常用的比例。
- 16：9：标准横屏比例，是当前主流的画面比例，覆盖电视、计算机等传统设备，适合展现风景、多人对话等横向构图。

- 9∶6：竖屏比例，抖音、快手等短视频平台首选，适合人物口播、探店展示，可以增强沉浸感。
- 2.35∶1：电影宽幅比例，能够营造大片感，适合宏大场景。

2.1.4 格式与码率

文件的格式是指通过算法对原始数据进行编码来缩减文件大小的技术。它决定了视频数据、图像数据、音频数据等如何存储和组织。

常见的文件格式如下。

- MP4（H.264）：主流视频格式，兼容性强，适合多平台发布。
- HEVC（H.265）：压缩效率高，适用于4K/8K超高清内容。
- MOV：Apple开发的跨平台封装格式，支持ProRes、H.265等多种编码，保留高质量原始数据。
- JPEG：主流图片格式，有损压缩格式。
- PNG：无损压缩格式，支持Alpha透明通道，适合图标、网页设计等需保留精细边缘的场景。
- GIF：图片格式，主要用于网络传输和动态图像展示。
- MP3：最广泛使用的音频格式，有损压缩格式。

码率，也称比特率，简单来说，就是每秒传输的数据量。它直接决定了音视频的质量与文件的大小：码率越高，压缩损失越小，画质或音质越接近原始文件，但数据量也随之增大；低码率能节省存储空间，但有可能导致细节丢失或失真。码率分为固定码率（CBR）和动态码率（VBR），前者全程保持恒定码率传输，后者则根据内容复杂度动态调整。如果要用剪辑软件导出完整视频，就需要设置格式与码率。图2-6所示为剪映专业版的导出界面。

不同的平台对画面比例、格式等都有不同的需求。我们需要合理设置分辨率、格式和码率，在平台兼容性、画面质量和文件大小之间寻求平衡。表2-1列举出了当前主流分辨率、比例及其适用场景。

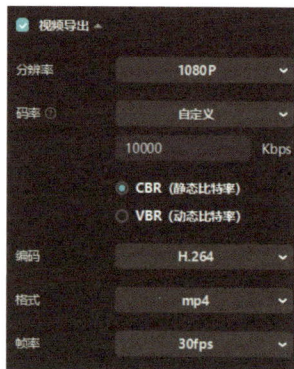

图2-6

表2-1

名称	分辨率	比例	适用场景
720P (HD)数字高清	1280×720	16∶9	移动端播放、低带宽需求、监控录像、快速预览
1∶1正方形	1080×1080	1∶1	社交媒体、电商主图
宽银幕电影	1920×816	2.35∶1	电影制作、流媒体电影资源
1080P Full HD	1920×1080	16∶9	主流视频平台、电视直播
竖屏视频	1080×1920	9∶16	短视频平台（抖音、快手等）
2K	2560×1440	16∶9	高端游戏显示器、高分辨率录屏

续表

名称	分辨率	比例	适用场景
超宽屏	3440×1440	21：9	多任务办公、沉浸式游戏
4K UHD	3840×2160	16：9	专业影视制作、大屏影院
8K UHD	7680×4320	16：9	专业影视后期、巨幕投影

2.2　景别与镜头运动

在短视频创作中，景别与镜头运动是镜头语言的核心构成要素。景别决定了让观众"看什么"，镜头运动则决定了"怎么看"。学习景别与镜头运动能精准控制叙事节奏、强化情绪表达，使短视频突破简单记录，实现更具感染力的视觉表达。

2.2.1　景别

景别是影视动画和摄影中的专业术语，指镜头画面中主体（人物、景物）的大小、范围及其在画面中的占比。它通过调整镜头与被摄主体的距离或焦距，控制画面包含的信息量，从而影响观众的视觉感受和叙事节奏。常见的景别分类如下。

1. 远景

远景展示环境全貌（如山川、城市天际线），通常用于开场或转场，交代空间环境，突出空间范围的广阔恢宏感，如图 2-7 所示。

图2-7

2. 全景

在全景中，主体全身入镜（如人物站立），突出主体全貌与环境的关系，如图2-8所示。

图2-8

3. 中景

中景展示主体腰部以上，有利于表现主体的动作、姿态、手势等，是影视中出现最多的镜头，如图2-9所示。

图2-9

4. 近景

近景展示主体胸部以上，这时观众的关注中心向细节转移，重点表现主体的神态、情绪，物体的纹理、材质等细节，如图2-10所示。

图2-10

5. 特写

特写是摄像机在很近的距离内拍摄主体，突出强调人体的某个局部，或者相应的物体细节、景物细节等，以增强视觉冲击力，如图 2-11 所示。

图2-11

提示

景别切换的逻辑：通过不同景别组合（如"远景→中景→特写"），可构建从宏观到微观的叙事层次，引导观众注意力。

2.2.2　镜头运动

当我们拍摄短视频素材时，镜头运动是指通过移动摄像机或调整镜头参数来改变画面构图、视角，从而增强叙事表达或视觉冲击力的技术手段。以下是镜头运动的常见类型。

1. 推镜头

被摄物体不动，由摄像机作向前的运动拍摄，取景范围由大变小，突出关键信息，例如从餐桌全景推到食物特写。

2. 拉镜头

被摄物体不动，由摄像机作向后的运动拍摄，取景范围由小变大，例如从特写拉至全景，引导观众关注环境变化。

3. 摇镜头

摄像机不动，水平或垂直旋转镜头，例如从左到右展示风景，就如同观众站在原地环顾，打量周围的风景。

4. 移镜头

横向或纵向移动摄像机，一般会搭配轨道或者稳定器拍摄，使运动更加平稳流畅。

5. 跟镜头

摄像机跟踪拍摄，使被摄主体始终处于画面中心。

第 3 章

剪辑：把碎片素材 串联成片

剪辑是视频创作的核心技能，本章将带你从零开始掌握素材编排的完整流程。从基础的视频裁剪、画面构图调整，到剪映AI剪辑工具的创意应用，你将学会如何将零散的片段转化为富有节奏感的视觉作品。无论你想要剪辑生活碎片还是创作商业视频，本章都将成为你从"素材堆砌"迈向"艺术创作"的重要起点。

3.1 视频裁剪

本节将讲解如何从添加素材开始，逐步完成分割、删除、复制等基础剪辑操作，以及如何调整片段顺序和时长，将零散的视频段落整理成一个短视频作品。

3.1.1 添加素材

在剪映中开启创作的第一步就是添加素材。单击开始界面中的"开始创作"按钮 + 后，可以采用如下三种方法之一将素材导入剪映中。

1. 添加本地素材

创作者可以直接访问手机相册，添加其中的视频和图片素材。单击选中素材右上角的圆圈，可以同时批量导入多个素材，如图 3-1 和图 3-2 所示。

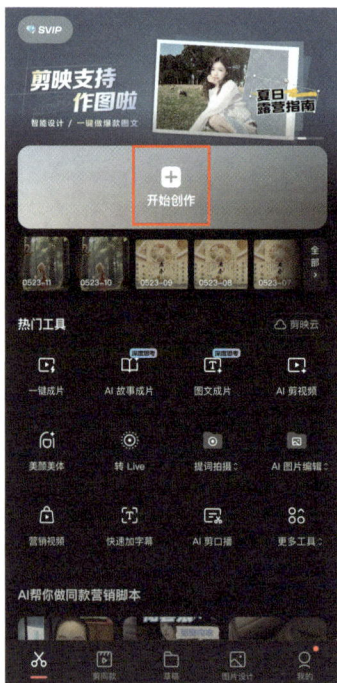

图3-1

图3-2

2. 添加素材库中的素材

剪映为创作者提供了丰富的素材，包含十几个分类，可供创作者根据需要快速地添加片头、片尾、空镜等，如图 3-3 所示。单击素材库中任意一段素材进行预览，可以将其收藏以便日后随意调取，也可以对其进行裁剪，将其调整至合适的长度，如图 3-4 和图 3-5 所示。

图3-3　　　　　　　　　　　图3-4　　　　　　　　　　　图3-5

还可以通过关键词搜索需要的素材，如图 3-6 所示。通过一键筛选横屏与竖屏、图片与视频，找到适合的素材，如图 3-7 和图 3-8 所示。

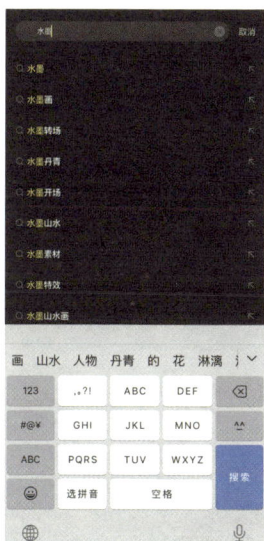

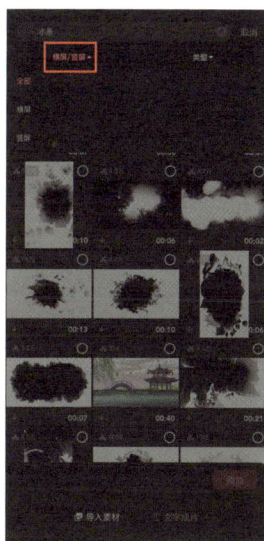

图3-6　　　　　　　　　　　图3-7　　　　　　　　　　　图3-8

3. 同轨道追加

除了在开始创作时添加素材，创作者在剪辑过程中也可以随时在同一轨道上追加新素材。进入操作界面以后，在已有素材的轨道上，单击轨道右边的"添加"按钮⊞（见图 3-9），即可按照前面的方法添加新素材。返回到主轨道后，可以看到素材被添加到同一轨道上了，如图 3-10 所示。

图3-9

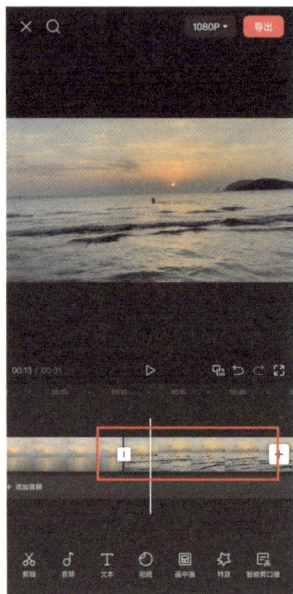

图3-10

3.1.2 分割与删除素材

添加完素材以后，就需要对素材进行剪辑，截选出需要的部分。在操作界面，用手指滑动轨道，将时间线定位到需要剪切的地方，选中该段素材，单击底部工具栏中的"分割"按钮，即可将素材一分为二，如图 3-11 和图 3-12 所示。

在轨道上选中某段多余的素材，单击底部工具栏中的"删除"按钮，即可将选中的素材删除，如图 3-13 所示。

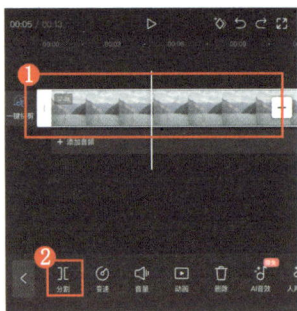

图3-11

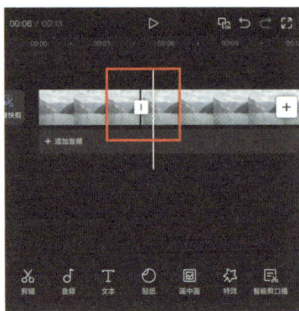

图3-12

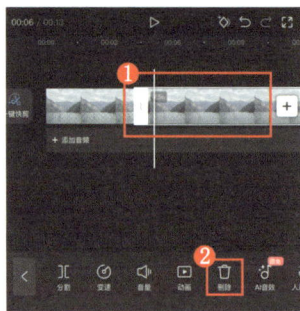

图3-13

3.1.3 复制与替换素材

在视频剪辑中，有时候需要重复使用同一段素材，那么可以选中该段素材，单击底部工具栏中的"复制"按钮，在轨道中复制出一段相同的素材，如图 3-14 和图 3-15 所示。

图3-14

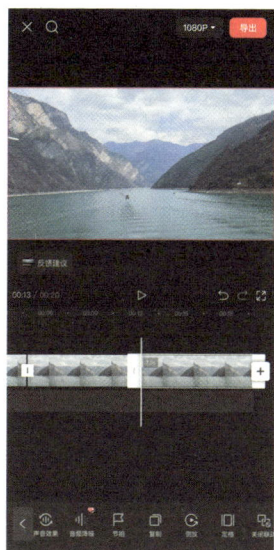

图3-15

在剪辑过程中，如果对某段素材不满意，可以在相同的位置将其置换成新的素材。具体方法是选中该段素材，单击底部工具栏中的"替换"按钮 ，如图 3-16 所示；在打开的素材界面中，选择替换的素材后，系统会自动匹配时长，如原素材为 7.5s，新素材超过 7.5s 时可拖动选取区间，如图 3-17 所示。这样就可以完成素材片段的替换，如图 3-18 所示。

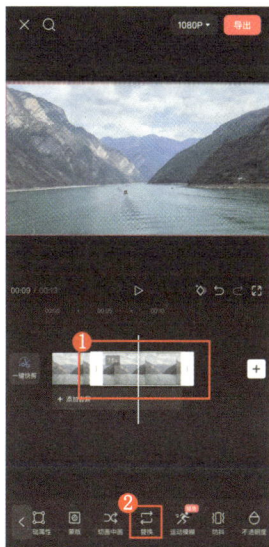

图3-16

图3-17

图3-18

3.1.4　调整素材的时长和顺序

除了利用"分割"功能截取素材，还可以选中素材片段，拖动前后的白色边框来调整素材的持续时长，如图 3-19 所示。

视频创作中，往往要根据故事的逻辑对素材的顺序进行调整。创作者可以长按选中的素材，左右移动，在合适的位置松开手指，则可将其拖放到新的位置，实现素材顺序的自由调整，如图 3-20 和图 3-21 所示。

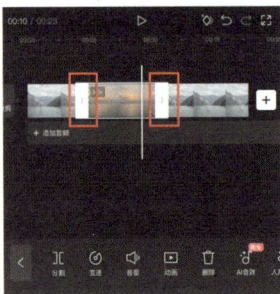  

图3-19　　　　　　　　　　图3-20　　　　　　　　　　图3-21

3.1.5　调整时间轴与精确定位

有的时候，视频轨道上的素材太长、太多，我们需要滑动很长时间才能找到想要编辑的素材。遇到这种情况，可以双指在屏幕上捏合，将轨道的显示比例缩小，这样所有视频都能在画面中显示，方便快速跳转到所需的位置，如图 3-22 所示。

有时候，我们需要精准地截取某个动作，那么可以双指在屏幕上张开，将轨道的显示比例放大，最大以每一帧画面进行显示，如图 3-23 所示。

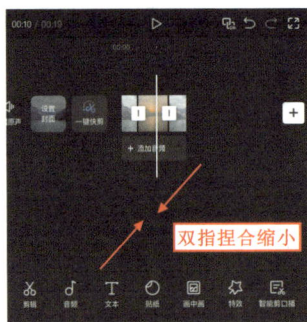 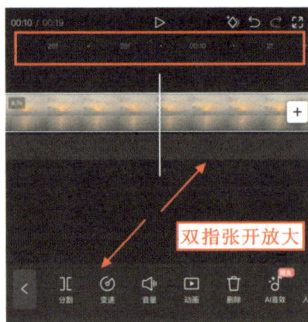

图3-22　　　　　　　　　　　　　　　图3-23

3.1.6　实操案例：剪辑你的第一个短视频

很多新手创作者常常遇到这样的情况：拍摄了大量视频素材后，想剪个 15s 的预告短视频却无从下手——新手面对碎片化镜头和冗长的素材，最难的就是快速提炼精华、去除冗余并将它们流畅组合成一个抓人眼球的故事。

本案例将讲解如何从添加素材开始，逐步完成分割、删除、复制等基础剪辑操作。通过调整片段顺序和时长，学会将零散的视频段落整理成你的第一个短视频作品。具体的操作步骤如下。

01 打开剪映 App，在开始界面单击"开始创作"按钮 ⊞，打开手机相册，导入 6 段关于校园生活的视频素材，如图 3-24 和图 3-25 所示。

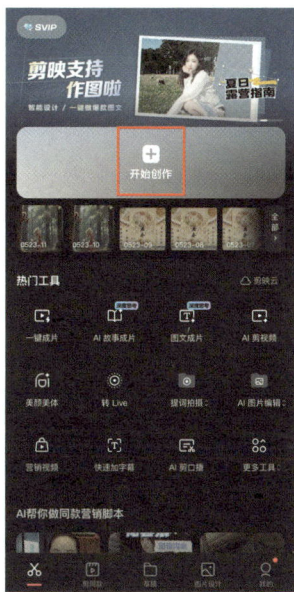

图3-24

图3-25

02 进入操作界面，6 段视频已经排列在主轨道上，如图 3-26 所示。分别长按选中各段素材，调整素材顺序，形成"入画（全景）—扫码（近景）—推出单车（中景）—脚蹬（特写）—骑行背影（全景）—骑行侧面（全景）"的结构，如图 3-27 所示。

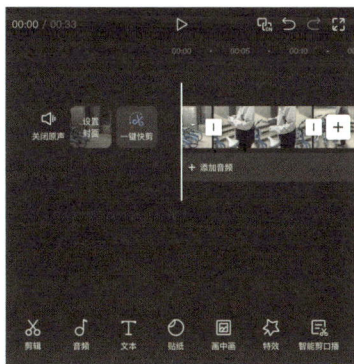

图3-26

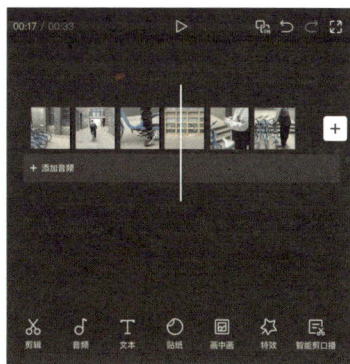

图3-27

03 选中第二段"扫码"素材，将时间线移动至 00:06 处，单击底部工具栏中的"分割"按钮，如图 3-28 所示。"扫码"素材一分为二后，选中后半段，再次单击底部工具栏中的"分割"按钮，如图 3-29 所示。

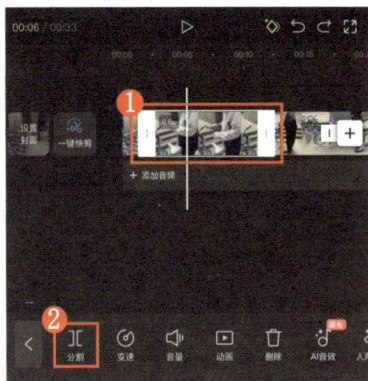

图3-28

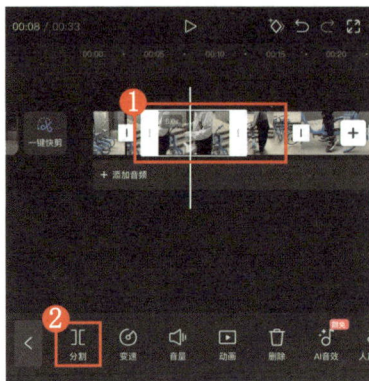

图3-29

04 此时"扫码"素材被分成了三段，分别选中第一段和第三段素材，单击底部工具栏中的"删除"按钮🗑，将前后多余的素材删除，如图3-30和图3-31所示。

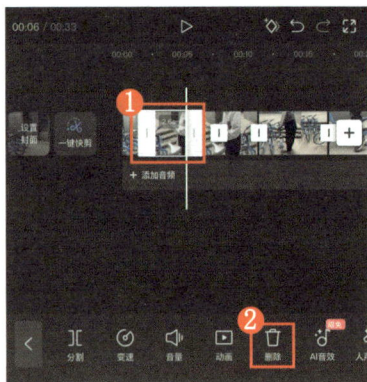

图3-30

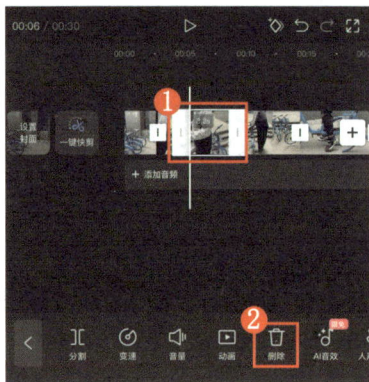

图3-31

05 选中第三段"推出单车"素材，拖动后方的白色边框将时长缩短，如图3-32和图3-33所示。采用相同的方法，调整余下素材的时长。

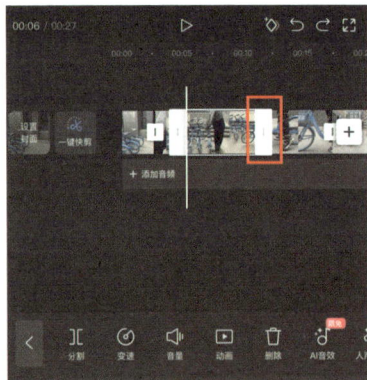

图3-32

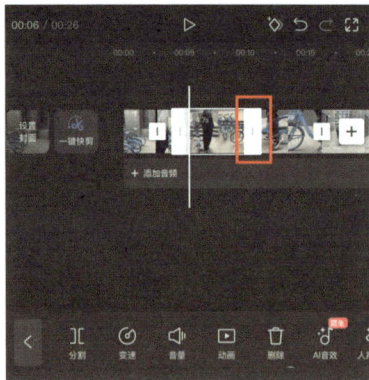

图3-33

06 所有素材调整完毕后，将时间线移动至末尾，单击右侧的"添加素材"按钮 ⊞，如图 3-34 所示。在添加素材界面中，选择"素材库"选项，挑选合适的片尾，单击"添加"按钮，如图 3-35 所示。

图3-34

图3-35

07 所选片尾素材已添加到主轨道上，选中该素材，单击底部工具栏中的"变速"按钮 ⊙，如图 3-36 所示。在打开的变速二级工具栏中，单击"常规变速"按钮 ↙，如图 3-37 所示。

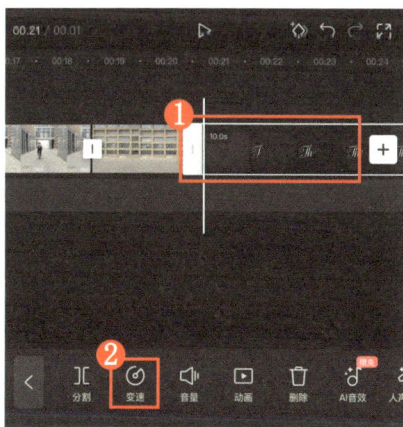

图3-36

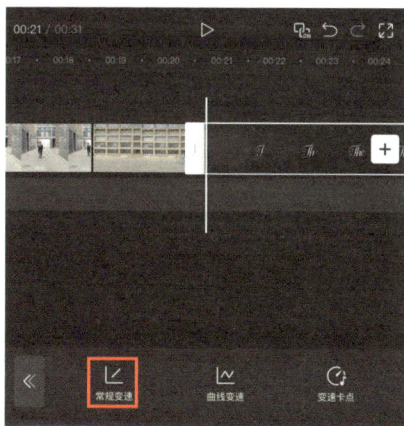

图3-37

08 在打开的变速面板中，拖动下方的滑块将片尾素材的播放速度加快，如图 3-38 所示。

09 设置完成后，为视频添加一条背景音乐。单击右上方的"导出"按钮，即可将剪辑好的视频保存到手机相册，如图 3-39 所示。

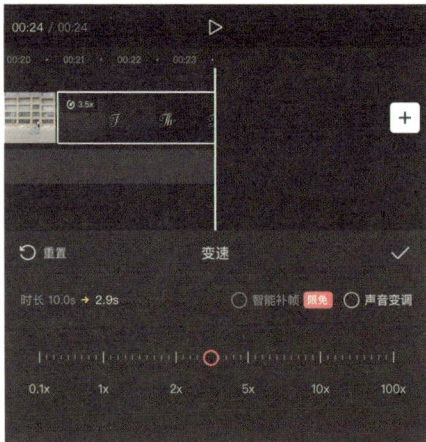

图3-38

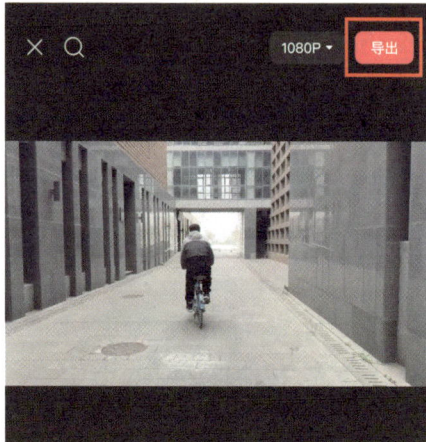

图3-39

10 最终效果如图 3-40 和图 3-41 所示。

图3-40

图3-41

3.2 画面调整

横竖屏需要转换？拍出来的人物总在画面边缘？别急着重拍！本节将讲解画幅比例调整、画面元素微调、背景替换等实用技巧。

3.2.1 设置画面的比例

我们创作的短视频通常会在手机、网站、电视等各种平台上播放，每种平台对视频的画幅比例和清晰度都有不同的要求。创作者可以根据平台要求和自身习惯，对素材画幅比例进行调整。

在不选中任何素材的情况下，单击底部工具栏中的"比例"按钮🔳，即可打开"比例"面板，如图 3-42 和图 3-43 所示。剪映为创作者提供了多种画幅比例，9∶16 的竖屏和 16∶9 的横屏是最常见的两种画幅比例，如图 3-44 和图 3-45 所示。

图3-42

图3-43

图3-44

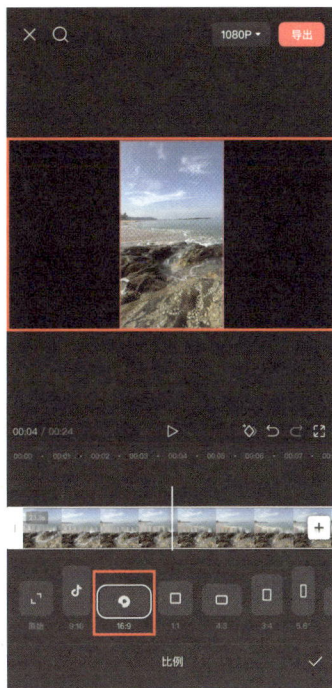

图3-45

3.2.2 调整画面的位置、大小、旋转

如果我们想调整画面的构图，那么可以选中该段素材，单击底部工具栏中的"基础属性"按钮🖾，如图 3-46 所示。打开"基础属性"面板后，可以看到其中包含"位置""缩放""旋转"等选项，用户只需拖动参数滑块就可以调整数值，然后单击右下角的✓保存，如图 3-47 所示。若对调整效果不满意，还可以单击"基础属性"面板左下角的"重置"按钮↺，恢复原始参数，如图 3-48 所示。除了视频素材，用户还可以对文字、贴纸等进行基础属性的调整。

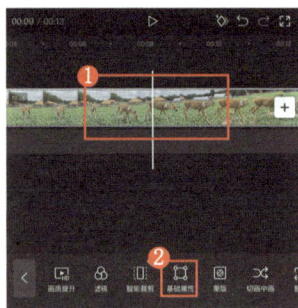 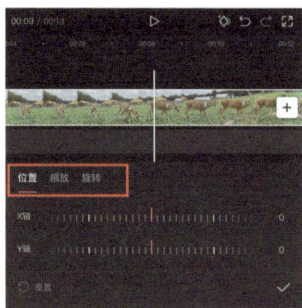 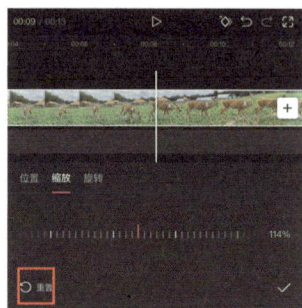

图3-46   图3-47   图3-48

　　我们还可以手动调整画面。在轨道中选择需要调整的素材，此时预览区的画面会出现红框，手指长按预览区画面自由移动，就可以随意调整画面的位置，如图 3-49 所示。双指在画面上捏合或张开，可将画面缩小或放大，如图 3-50 所示。双指长按画面进行旋转，则可调整画面的旋转角度，如图 3-51 所示。

 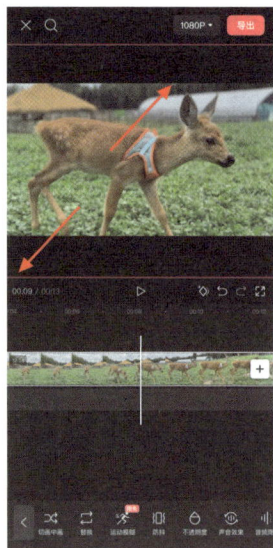 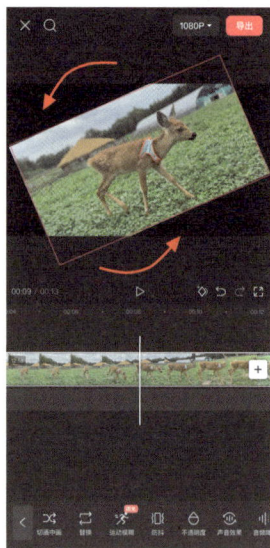

图3-49   图3-50   图3-51

3.2.3　镜像、裁剪画面

　　剪映中的镜像功能可以将画面水平镜像翻转，具体方法是选中该段素材，单击底部工具栏中的"编辑"按钮，在打开的"编辑"面板中，单击"镜像"按钮，如图 3-52 和图 3-53 所示。

　　当拍摄回来的视频素材构图不理想时，我们可以利用剪映中的裁剪功能对画面进行重新构图和调整。选中需要调整构图的素材，单击底部工具栏中的"编辑"按钮，在打开的"编辑"面板中单击"裁剪"按钮，如图 3-54 所示。在展开的"裁剪"面板中，有多种预设的裁剪比例可供挑选，我们也可以移动或者旋转画面，找到合适的构图角度，如图 3-55 和图 3-56 所示。

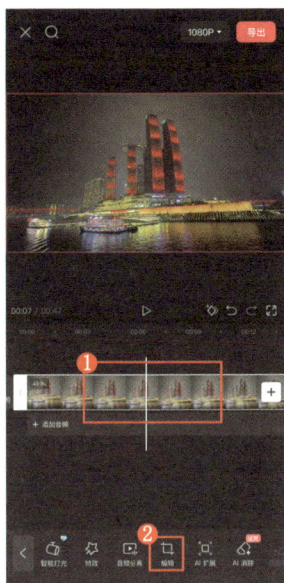

图3-52

图3-53

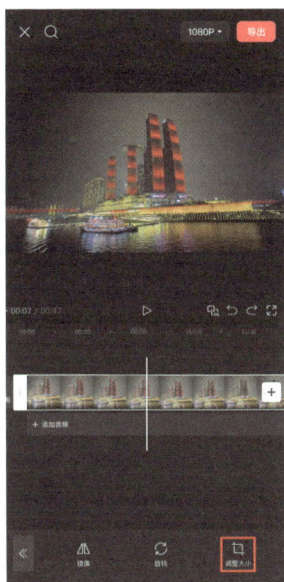

图3-54

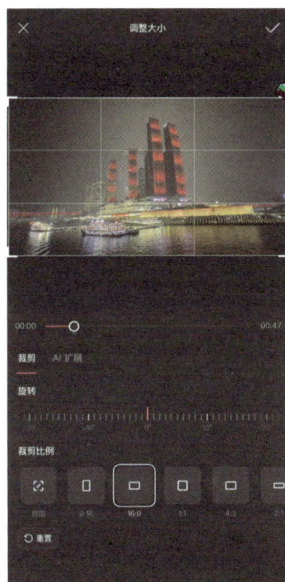

图3-55

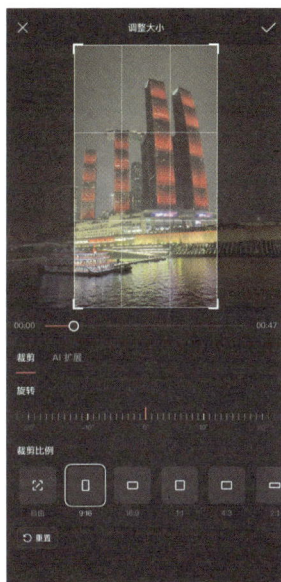

图3-56

3.2.4 更换视频画布背景

当画面比例发生改变，导致素材无法填满整个视频画框时，我们可以使用"背景"功能为画面添加画布，营造丰富的视觉效果。在不选中任何素材的情况下，单击底部工具栏中的"背景"按钮，即可打开"背景"面板，如图 3-57 和图 3-58 所示。

图3-57

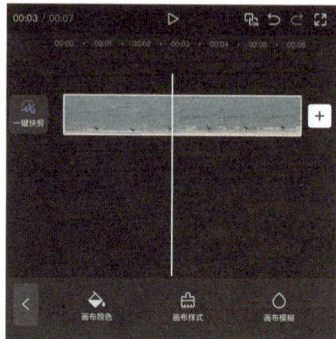

图3-58

剪映为创作者提供了 3 种画布填充方式，选择"画布颜色"方式，可以为画布设置纯色背景，如图 3-59 所示。"画布样式"提供了多种不同效果的画布，如图 3-60 所示。不同于前两种静态画布，"画布模糊"则是将原素材模糊以后填充到画布背景里，背景将跟随画面产生动态效果，如图 3-61 所示。

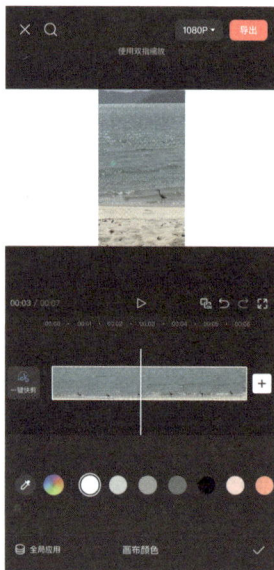

图3-59

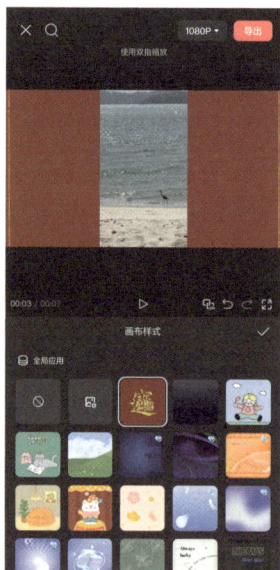

图3-60

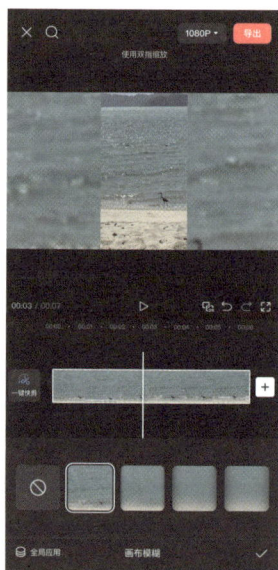

图3-61

3.3 速度与节奏

同样的素材，加速播放能制造紧张感，慢放会勾起情绪，倒放能制造时光倒流的效果，定格则可以将精彩镜头定格在一瞬间。合理控制播放速度能重塑视频的节奏、情感和叙事逻辑，更加精准地抓住观众的注意力。

3.3.1 倒放与定格

倒放和定格的功能比较常见，实现起来也很简单。具体方法是选中某段素材，单击底部工具栏中的"倒放"按钮🔄，如图 3-62 所示。播放该段素材，即可看到这段视频呈现出鲜花闭合、时光倒流的效果。

还可以通过定格视频的某一帧画面来延长关键瞬间的呈现时间。继续选中该段素材，单击底部工具栏中的"定格"按钮🔳，如图 3-63 所示。执行操作后，在时间线的位置生成一张时长 3s 的图片，视频的总时长也由 9s 变为 12s，如图 3-64 所示。

图3-62

图3-63

图3-64

> **提示**
>
> 定格功能的应用场景如下。
> （1）突出重要瞬间：将视频中具有情感张力或信息价值的画面静止，例如舞蹈高潮动作、产品展示的核心卖点，通过 1~3s 的定格让观众聚焦细节。
> （2）实现创意表达：逐帧调整物体位置，制作简易定格动画，如让文具自主移动、花朵逐帧绽放，这种手工艺感的效果在创意短片和广告中尤其抢眼。
> （3）优化叙事节奏：在快节奏剪辑中插入定格画面，既能制造呼吸感，又能通过静止与动态的对比强化视觉冲击。例如，运动混剪中定格进球瞬间，再衔接欢呼镜头。

3.3.2 常规变速

常规变速是剪映中调整视频整体播放速度的基础功能，通过设置统一数值实现整个片段的加速或减速。它能直接改变视频时长和节奏，适用于快速处理素材的全局速度调整。

在时间轴中选中某段需要变速的素材，单击底部工具栏中的"变速"按钮⏱，如图 3-65 所示。在打开的变速二级工具栏中单击"常规变速"按钮⬓，如图3-66所示。在打开的"常规变速"面板中，可以看到视频的默认速度为1x，拖动下方的滑块就可以调整视频的播放速度。数值大于1x，视频将快放；数值小于1x，视频将慢放。

有时慢放素材后，画面会出现卡顿的问题，我们可以选择面板中的"智能补帧"功能，补充由于慢放而缺少的帧，让画面尽量恢复流畅自然。"声音变调"功能可以自动调整声调与速度匹配。设置完成后，单击右上角的▾按钮，保存操作，如图3-67所示。

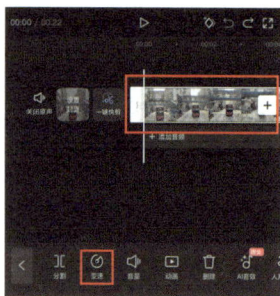
图3-65

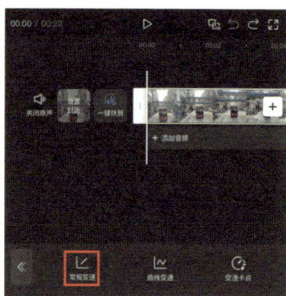
图3-66

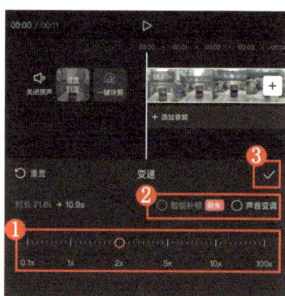
图3-67

3.3.3　曲线变速

剪映中的曲线变速功能可以精细地调整一段视频中不同时间点的播放速度，比如让某个瞬间慢放突出细节，随后快速过渡到下一画面。这种变速不同于常规变速的整体调整，是让速度呈现动态变化，实现快慢交替的节奏感。曲线变速常常用来强调精彩动作、制造电影感转场或配合音乐卡点，让视频更有表现力。

在时间轴中选中某段需要变速的素材，单击底部工具栏中的"变速"按钮⬒，如图3-68所示。在打开的变速二级工具栏中单击"曲线变速"按钮⬓，如图3-69所示。在打开的"曲线变速"面板中，可以看到包含有"自定""蒙太奇""英雄时刻"等多个选项，如图3-70所示。

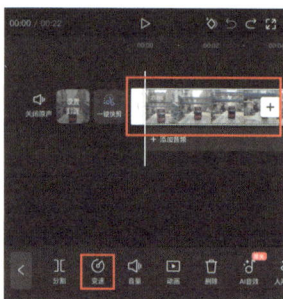
图3-68

图3-69

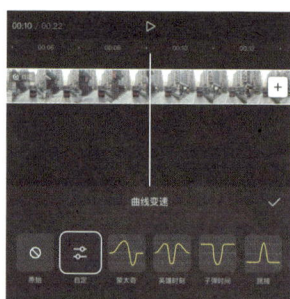
图3-70

单击某个选项，预览区将自动展示该变速效果。再次单击该选项，将进入"曲线编辑"面板。以选择"自定"选项为例，进入"曲线编辑"面板，如图3-71所示。面板中的这条白色横线代表当前这段视频的播放速度，默认是常速。将时间线移动到某个位置，单击"添加点"按钮，如图3-71所示，则在当前位置添加一个控制点。将时间线移动到某个控制点上，待其变成白色后，单击"删除点"按钮，则可将当前位置的控制点删除，如图3-72所示。

将控制点向上移动，代表该点位置的视频加速；将控制点向下移动，代表该点位置的视频减速。如图 3-73 所示，这段视频呈现的是先加速，后减速，最后恢复常速的变速过程。

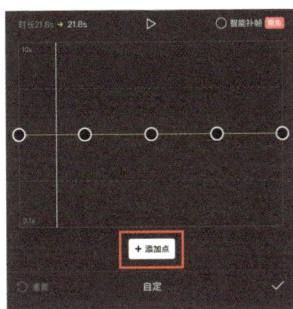
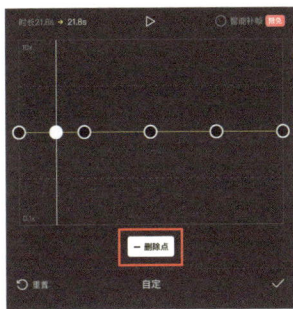
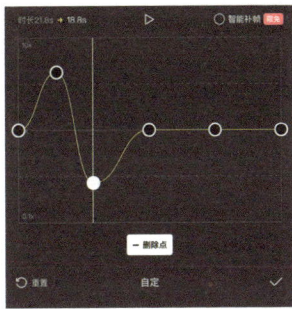

图3-71　　　　　　　　　　图3-72　　　　　　　　　　图3-73

剪映内置了多种预设的曲线变速模板，适合快速实现特定效果，下面主要介绍 3 种模板。

- 蒙太奇：曲线呈现"快 – 慢"的节奏，营造悬念或情感沉淀（如人物转身慢放、回忆片段）。剧情短片中，快速切换场景后突然减速，引导观众聚焦关键线索，如图 3-74 所示。
- 子弹时间：曲线呈现"快 – 慢 – 快"的节奏，通过极速切换实现"时间冻结"特效，强调运动瞬间（如篮球扣篮、滑板腾空），突出爆发力，营造时空停滞感。例如，滑板视频中，腾空时慢放至 0.3x，落地后恢复原速，增强技巧观赏性，如图 3-75 所示。
- 跳接：添加多个突然升高的控制点，可形成锯齿状曲线，创造跳跃式节奏，适合音乐卡点剪辑，增强画面的动感，如图 3-76 所示。

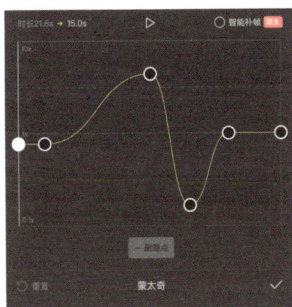
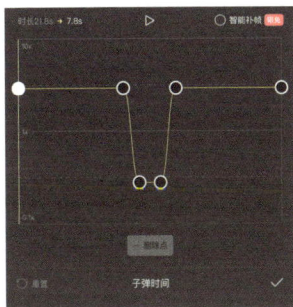
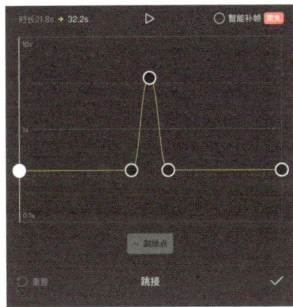

图3-74　　　　　　　　　　图3-75　　　　　　　　　　图3-76

3.3.4　变速卡点

除了常规变速和曲线变速，剪映的变速卡点功能还可以根据音乐的重拍、鼓点等节奏点，动态调整视频不同时间点的播放速度。

使用该功能，必须在音乐轨道上添加一条音乐。然后在时间轴中选中这段需要变速的素材，单击底部工具栏中的"变速"按钮 ，如图 3-77 所示。在打开的变速二级工具栏中单击"变速卡点"按钮 ，如图 3-78 所示。在打开的"变速卡点"面板中，可以看到包含有"闪光""蒙太奇""英雄时刻"等多个选项，如图 3-79 所示。

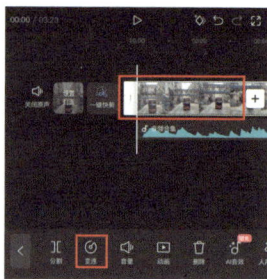
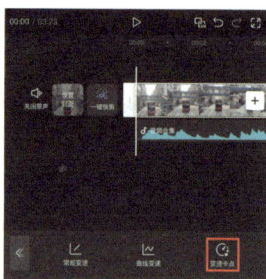
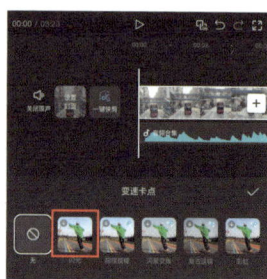

图3-77	图3-78	图3-79

以"闪光"选项为例，单击"闪光"选项，预览区将自动展示该变速效果。再次单击该选项，将进入"调整参数"面板，如图 3-80 所示。在此可以调整"节拍频率""变速速度""强度"等参数。设置完成后，可以看到音乐的下方会自动生成一排黄色的标记，视频则跟随音乐的节奏产生了快慢的变化，还添加了闪光的变化效果，如图 3-81 和图 3-82 所示。

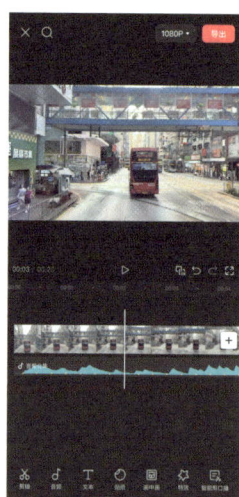

图3-80	图3-81	图3-82

3.3.5 实操案例：手机实现"子弹时间"特效

你是否曾被电影《黑客帝国》中炫酷的"子弹时间"特效吸引？传统制作中需要多台专业相机阵列才能拍摄完成这种特效，且成本高昂。对于普通创作者而言，想用手机实现这种动态环绕的时空凝结效果，几乎是不可能的任务。

本案例将手把手教你用一部手机 + 剪映，利用其变速卡点功能，为手办玩具制作低成本的"子弹时间"特效，无须配置专业设备。具体的操作步骤如下。

01 开始制作前，需要准备一个手办（也可以拍摄真人）。确保以该手办为圆心，从左到右或者从右到左，稳定地拍摄几段以手办为中心的移镜头。除全身之外，不同的局部细节和角度可以多拍摄几段备用。

02 打开剪映 App，在开始界面单击"开始创作"按钮 ⊞，导入手办视频素材。

03　在时间轴中选中第一段素材，单击底部工具栏中的"变速"按钮 ⊘，如图 3-83 所示。在打开的变速二级工具栏中单击"曲线变速"按钮 ⌇，如图 3-84 所示。在打开的"曲线变速"面板中，选择"子弹时间"选项，如图 3-85 所示。

图3-83　　　　　　　　　图3-84　　　　　　　　　图3-85

04　如图 3-86 所示，子弹时间曲线呈 U 形，我们需要对其进行一些适当的调整。将时间线移动到第二个控制点，单击"删除点"按钮，将该控制点删除，如图 3-87 所示。执行相同的操作，将图 3-88 中的另外两个控制点也删除。

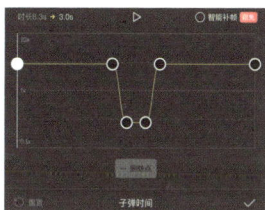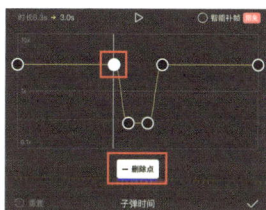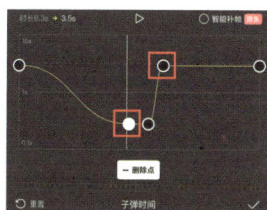

图3-86　　　　　　　　　图3-87　　　　　　　　　图3-88

05　此时，曲线中剩下 3 个控制点，如图 3-89 所示。将第一个控制点和第三个控制点向上移动至 10x 的位置，即将这两个地方的速度调整为 10 倍速，如图 3-90 所示。操作完成后，单击右下角的 ✓ 进行保存。按照同样的方式，对剩下的几个视频片段也做相同的变速处理。

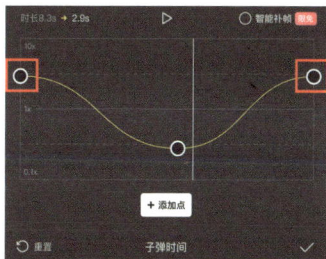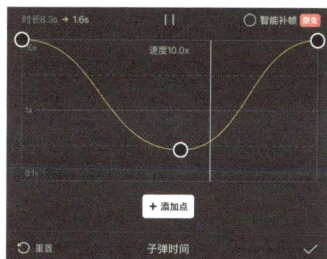

图3-89　　　　　　　　　　　图3-90

06 最终得到的效果如图 3-91 至图 3-93 所示。

图3-91   图3-92   图3-93

3.4 用剪映专业版剪辑视频

在本书中，大部分章节以剪映移动版（App）的核心功能讲解为主线，确保手机用户能够快速掌握日常剪辑技巧；同时，每章末尾特设独立小节（如"3.4 用剪映专业版剪辑视频"），集中剖析剪映专业版在相同场景下的进阶操作与差异点。

3.4.1 添加素材

当我们用剪映专业版剪辑视频时，第一步也是添加素材，可采用如下操作步骤。

01 打开剪映专业版软件，在开始界面中，单击"开始创作"按钮 ⊞，如图 3-94 所示。进入操作界面后，左上角的素材区是添加、管理素材的主要区域，如图 3-95 所示。

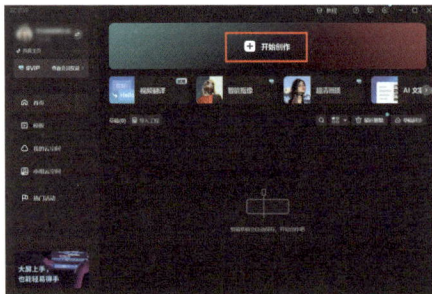 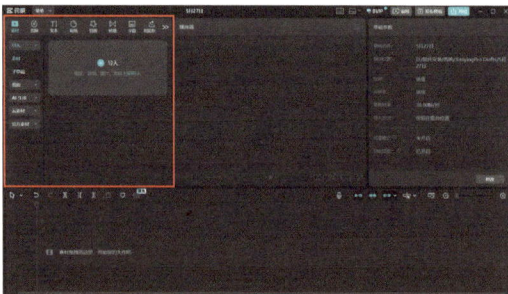

图3-94   图3-95

02 在素材区中，单击"导入"按钮，就可以导入视频、音频、图片等计算机本地素材，并且支持扫码导入手机素材，如图 3-96 所示。所选的素材导入进来后，在素材区中可以对素材进行统一管理，如图 3-97 所示。

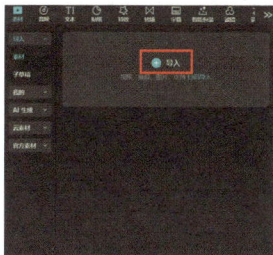

图3-96

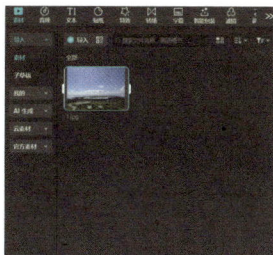

图3-97

03 用鼠标选中素材库里的素材，将其拖放到时间轴上，就完成了素材的添加和调用，如图 3-98 所示。

图3-98

04 除了添加计算机本地素材，还可以通过切换素材区左侧的选项卡，添加不同渠道的素材。例如，可以添加收藏的素材，如图 3-99 所示；也可以调用官方在线素材库中的图片或视频，如图 3-100 所示。

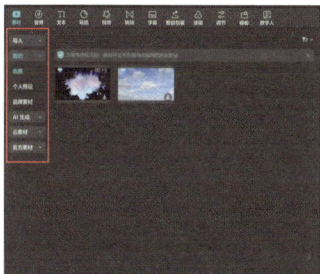

图3-99

图3-100

3.4.2 视频裁剪

剪映 App 的大部分操作依赖于底部工具栏中的按钮，适合移动端快速点按。剪映专业版的按钮则分布在不同的窗口和分区中，同时还设置了很多的快捷键，实现更高效、精细化的操作逻辑。例如，要裁剪视频，可采用如下操作步骤。

01 分割。当素材添加进时间轴后，将时间线定位到需要分割的位置，单击工具栏中的"分割"按钮，或者按下快捷键 Ctrl+B，即可将素材一分为二，如图 3-101 所示。

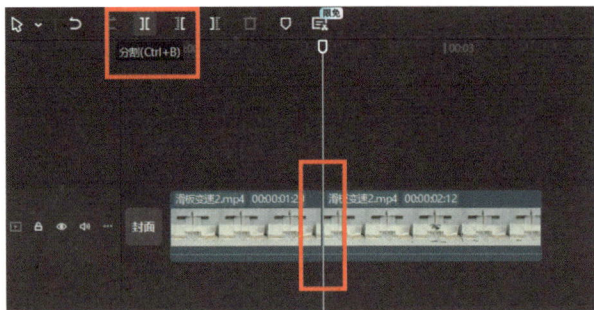

图3-101

02 复制或者删除。在时间轴中选中某段素材，单击鼠标右键，在快捷菜单中选择"复制"或者"删除"，也可以使用快捷键 Ctrl+C 或者 Delete，执行相应操作，如图 3-102 所示。

03 替换。在时间轴中选中某段素材，单击鼠标右键，在快捷菜单中选择"替换片段"，就可以在保留效果的情况下快速替换新的素材，如图 3-103 所示。

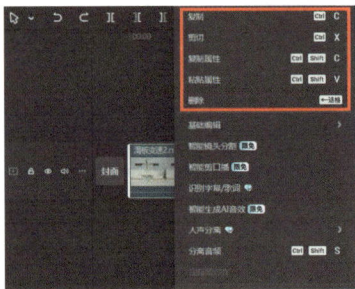

图3-102

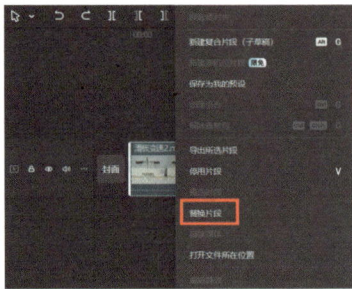

图3-103

3.4.3　画面调整

在剪映专业版中调整画面也与剪映 App 有所不同，可采用如下操作步骤。

01 位置、大小、旋转属性。在剪映专业版中想要调整画面的构图时，可以选中该段素材，右上角的属性区就会打开相应的参数面板。在这里，可以通过调整数值，对画面的位置、大小、旋转等属性进行调整。和剪映 App 类似，也可以直接用鼠标拖动预览区中的画面，实现画面的快速调整，如图 3-104 所示。

图3-104

02 镜像、裁剪、定格等操作。与剪映 App 不同，剪映专业版将镜像、裁剪、定格等功能放置到了时间轴上的工具栏中。我们可以选中某段素材，单击工具栏中的相应按钮进行操作。也可以单击鼠标右键，从弹出的快捷菜单中选择相应的选项进行操作，如图 3-105 所示。

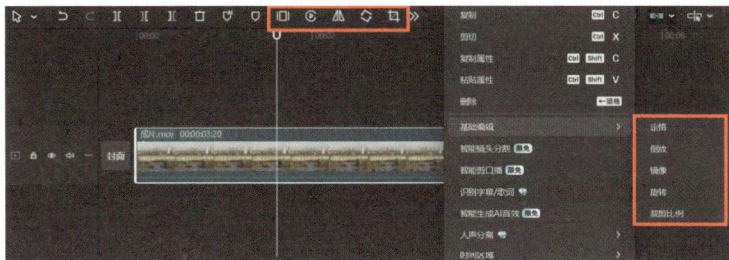

图3-105

3.4.4　视频变速

如果要在剪映专业版中对某段素材进行变速处理，就需要选中该段素材。切换到"变速"属性区，其中也包含"常规变速""曲线变速"和"变速卡点"3 个面板，如图 3-106 至图 3-108 所示。具体操作方式和剪映 App 类似，此处不再赘述。

图3-106

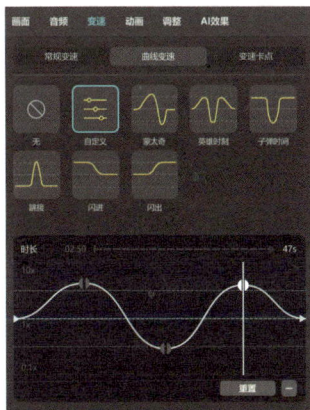

图3-107

图3-108

3.5 AI画面修复：拯救废弃素材

为了适应当下 AI 视频创作的趋势，本书设置了一些独立的章节专门解析剪映内置的 AI 工具，比如 AI 扩展（智能扩展画面）、智能字幕（自动识别语音生成字幕）、音色克隆（录制 1min 声音即可克隆用户音色）等，让读者在掌握基础剪辑操作的同时，理解如何用 AI 工具提升实际的工作效率。后续章节则将更进一步，专门探讨剪映与外置 AI 工具的协同工作流程。

3.5.1 画质提升

在拍摄素材时，曝光或者设备的问题，会导致画面比较模糊、清晰度不足。此时就可以使用剪映的"画质提升"功能来消除噪点、恢复轮廓细节、增强分辨率等，以提升素材的画质，弥补素材拍摄的不足。

选中需要提升画质的素材，单击底部工具栏中的"画质提升"按钮▣，如图 3-109 所示。在打开的"画质提升"面板中，根据实际需要，可选择相应的功能进行调节，如"超清画质""视频降噪""AI 补帧""补分辨率""去闪烁"等，如图 3-110 所示。

图3-109

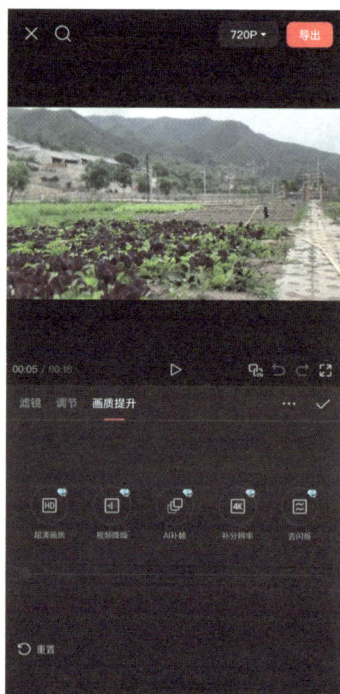

图3-110

图 3-111 所示是一段比较模糊的视频，使用"画质提升"功能进行调节后，画面的质量得到了提升，如图 3-112 所示。

图3-111

图3-112

3.5.2 AI扩展

有时我们对拍摄画面的构图不满意，或者需要进行横竖屏的切换，就可以使用剪映的"AI 扩展"功能来修复画面。

AI 扩展是通过人工智能算法分析图像内容，突破原始画面限制，智能填补缺失背景。例如，电商创作者可以用此功能将商品主图扩展为短视频封面，而历史科普博主则可以借此还原老文献的完整场景。

选中需要扩展的素材，单击底部工具栏中的"AI 扩展"按钮 ，如图 3-113 所示。在打开的"AI 扩展"面板中，选择更改后的比例，单击"开始生成"按钮，如图 3-114 所示。

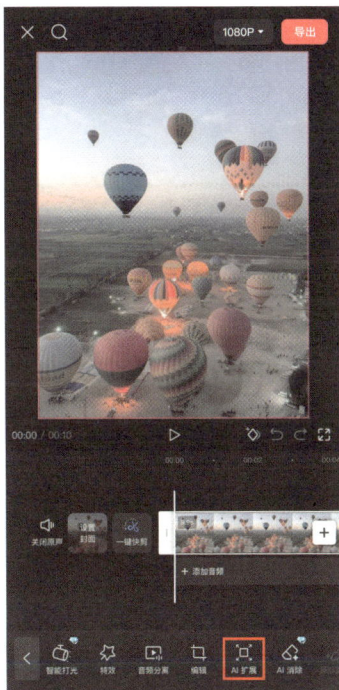

图3-113

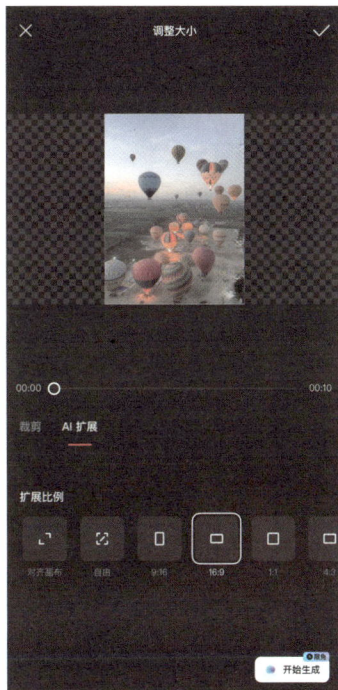

图3-114

原素材是一段 9：16 的竖屏视频，如图 3-115 所示。当把它转换为 16：9 的横屏后，两边会出现两道黑边。应用"AI 扩展"功能以后，剪映自动为两边缺少的区域填补上画面，如图 3-116 所示。

图3-115

图3-116

3.5.3 AI消除

乱入的路人、顽固的水印、穿帮的多余物体都会让原本完美的画面大打折扣。剪映的"AI 消除"工具可以帮我们先抹去瑕疵，再利用算法推算原貌进行填补。与传统的逐帧手动修复相比，AI 消除能快速处理动态视频，而且对复杂背景的填充效果更自然，能够将废弃的画面变为可以利用的干净画面。

选中需要消除的素材，单击底部工具栏中的"AI 消除"按钮，如图 3-117 所示。在打开的"AI 消除"面板中，将画笔调整至合适的大小，在预览区中涂抹想要消除的元素。当这些元素被红色色块完全覆盖后，单击"开始消除"按钮，如图 3-118 所示。

图3-117

图3-118

图 3-119 所示为原视频画面。经过 AI 消除处理，画面远处的两头牦牛被抹去，原本位置被周围相似背景所覆盖填充，如图 3-120 所示。

图3-119　　　　　　　　　　　　　图3-120

3.5.4　实操案例：素材的局部重绘

当原素材是图片时，除了可以应用前面提到的画质提升、AI 扩展、AI 消除等功能，还可以使用"局部重绘"功能对图片中指定区域进行内容修改和替换。例如，我们想给照片中的人物换发型、给背景加一朵云，甚至凭空生成一个配饰，都可以先涂抹选区，然后输入文字描述，由 AI 重新生成该区域的内容，使其与整体画面自然融合。具体的操作步骤如下。

01　打开剪映 App，在开始界面单击"开始创作"按钮 ⊞，导入一张图片。

02　选中该图片，单击底部工具栏中的"局部重绘"按钮 ，如图 3-121 所示。在打开的"局部重绘"面板中，将画笔调整至合适的大小，在预览区中涂抹橙色的桶，使其被红色色块完全覆盖后，单击"开始消除"按钮。随后在提示语生成区输入描述词，把想要代替的元素详细描述出来，如图 3-122 所示。单击"开始生成"按钮，剪映便开始生成操作，如图 3-123 所示。

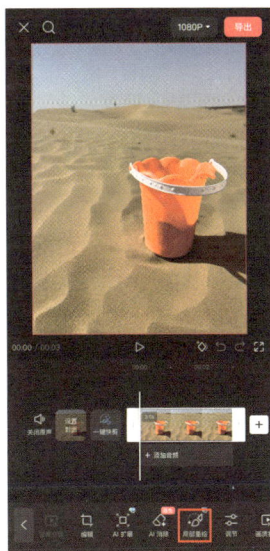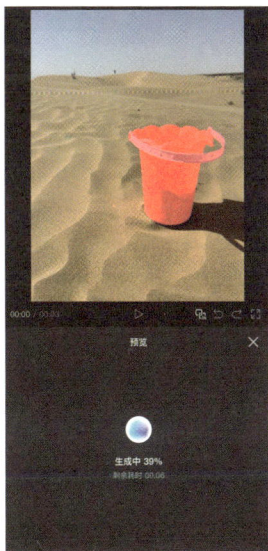

图3-121　　　　　　　　　图3-122　　　　　　　　　图3-123

03 剪映随后会生成几种方案，如图 3-124 和图 3-125 所示。图片中的水桶被猫咪完美替代了，我们可以选择喜欢的方案，单击右下角的"应用"按钮，随即重绘成功。

图3-124

图3-125

3.6 知识拓展：剪辑点的选择

优秀的创作者，除了会使用剪辑工具，更重要的是要知道何时剪、剪哪里。剪辑视频时，如何选择剪辑点是至关重要的，只有在恰当的叙事节点切入镜头，才能让镜头衔接自然流畅，使故事节奏张弛有度。所谓剪辑点，是指两个镜头画面或声音衔接的切换位置。

1. 动作剪辑点

前后镜头间要有动作承接关系。剪辑的时候，要以画面主体的动作为依据，通过捕捉动作的关键点（比如动作静止、动势变化）实现镜头切换，保持动作连贯性。

一般来说，在拍摄动作时，可以进行多机位、多景别的分解拍摄，然后再经过重新剪辑组合。剪辑时，通常第一个镜头中人物的动作完成 1/4，保留动作的起势，下个镜头衔接完成剩下的 3/4。例如，人物起身的动作，可以拆分成侧面全景和正面中景这两个镜头，把这两个角度的镜头连接起来，形成一个完整动作。

2. 情绪剪辑点

情绪剪辑要以人物的情绪或心理变化为依据，选择合适的组接位置。核心目标是激发观众的情感共鸣，让观众的情绪得到宣泄，而不是单纯地追求视觉流畅。例如，当角色陷入沉思或情感爆发时，剪辑点需要向后延伸至情绪释放完成后的节点（如哭泣后的抽泣停顿）。情绪剪辑允许较长的镜头停留，确保情绪充分延展。

3. 节奏剪辑点

节奏剪辑以戏剧情节、造型因素、语言动作、运动速度或音乐节拍为依据，根据这些内容调整镜头长短和切换速度，营造紧张或舒缓的节奏。也就是根据事件的发展进程和情绪气氛处理镜头的长度和剪接，形成一种讲故事的起伏关系，创造出一种节奏感。例如，短镜头快速切换可制造紧张感，长镜头则适合抒情段落。

4. 声音剪辑点

声音剪辑以声音元素（如语言、音乐、音响）为依据确定镜头切换的位置。声音剪辑点包括语言剪辑点、音乐剪辑点和音响剪辑点。其中，语言剪辑点是以镜头中对白、解说词等语言的内容和形式（起始、语速等）作为依据来确定的。音乐剪辑点是指以音乐情绪、旋律节奏为基础，结合画面造型确定剪辑位置。例如，综艺节目舞蹈片段在重拍处切镜头，增强视听同步性。音响剪辑点则是结合环境音效来确定的，用以强化真实感，如脚步声、开关门声等需与画面动作精准匹配。

第 4 章

特效：轻松提升
视频质感

对于普通创作者而言，特效既能弥补拍摄设备的不足（比如用光斑特效营造电影感），也能强化内容情绪（比如综艺弹幕特效增加趣味性）。剪映内置的特效通过模块化分类和实时预览功能，大大地降低了操作门槛。本章将系统讲解剪映中的画面特效、人物特效及AI特效的使用方法，并通过实操案例的演示让日常视频轻松进阶专业质感。

4.1 特效的类型

从光影氛围到人物美化，剪映为创作者提供了丰富的画面特效与人物特效。了解不同特效的核心功能和使用场景，灵活地运用特效，可以为视频创作提供更多视觉可能。

4.1.1 画面特效

在不选中任何素材的情况下，单击底部工具栏中的"特效"按钮，即可进入特效二级工具栏，如图4-1和图4-2所示。单击工具栏中的"画面特效"按钮，即可打开"画面特效"面板。画面特效中有20多种类型的特效，创作者可以通过手指滑动来预览特效缩略图。只需单击某种效果，就可将其添加在视频画面中，如图4-3所示。单击"无"按钮，可取消效果应用。

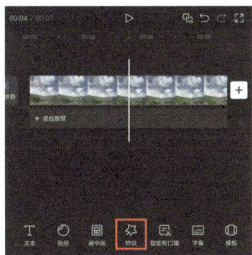
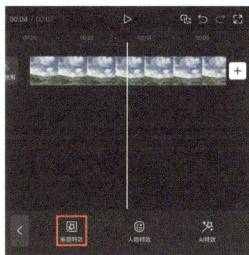

图4-1 图4-2 图4-3

画面特效是作用于整个视频画面的视觉元素，可以用来塑造场景的氛围。剪映还为其进行了细致的分类，下面简单介绍几种常见的画面特效。

1. 自然特效

自然特效可以模拟雨雪、光线等自然环境元素，用来增强画面真实感或者营造特定氛围，比如用"丁达尔光线"制造森林晨雾效果。些常见的自然特效如图4-4至图4-6所示。

图4-4 图4-5 图4-6

2. 边框特效

边框特效为视频添加装饰性外框，比如胶片边框、动态光带等，既能聚焦视觉中心，又能强化风格表达。一些常见的边框特效如图 4-7 至图 4-9 所示。

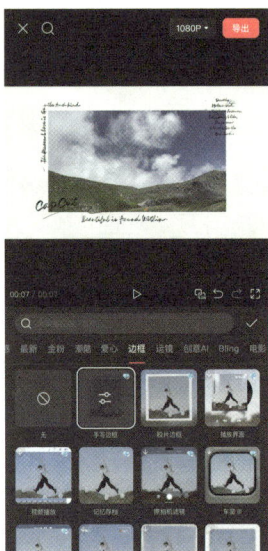

图4-7

图4-8

图4-9

3. 分屏特效

分屏特效将画面分割为多个独立区域，比如三宫格、斜切分屏等，适合对比展示多场景或者制造蒙太奇效果。一些常见的分屏特效如图 4-10 至图 4-12 所示。

图4-10

图4-11

图4-12

4.1.2　人物特效

在不选中任何素材的情况下，单击底部工具栏中的"特效"按钮，即可进入特效二级工具栏，如图 4-13 和图 4-14 所示。单击工具栏中的"人物特效"按钮，即可打开"人物特效"面板。人物特效中有多种类型的特效，创作者可以通过手指滑动来预览特效缩略图。人物特效的添加方法和画面特效的相同，如图 4-15 所示。

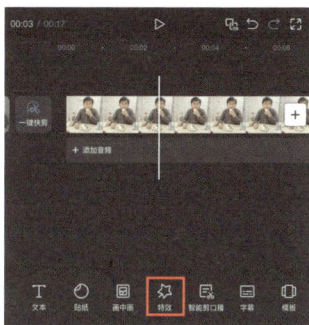
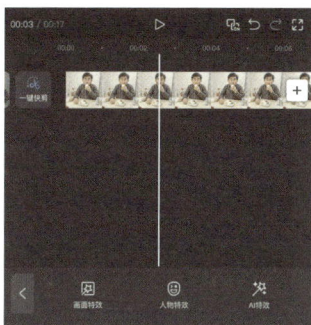

图4-13　　　　　　　　　　图4-14　　　　　　　　　　图4-15

人物特效是针对人像进行智能识别，可以用来优化外貌或制造趣味互动效果，比如美颜、大头、漫画脸等特效。剪映也为其进行了细致的分类，下面简单介绍几种常见的人物特效。

1. 情绪特效

情绪特效通过动态表情符号或者综艺感字幕来直观地传递人物情绪，比如流泪、爱心眼等特效，适用于情感类 Vlog 或综艺短视频。一些常见的情绪特效如图 4-16 至图 4-18 所示。

图4-16　　　　　　　　　　图4-17　　　　　　　　　　图4-18

2. 装饰特效

装饰特效可以添加人物虚拟饰品或者背景装饰，常常用来提升人像的趣味性。一些常见的装饰特效如图 4-19 至图 4-21 所示。

图4-19

图4-20

图4-21

3. 身体特效、挡脸特效、头饰特效

这些人体修饰类特效可以智能识别人体或者头部，叠加好玩的动态贴图，营造夸张、有趣的喜剧效果。常见的这些特效如图 4-22 至图 4-24 所示。

图4-22

图4-23

图4-24

4.2 特效的应用

添加完特效，我们还可以调整特效控制范围、修改细节参数、管理特效的叠加层级，进一步丰富特效效果。

4.2.1 调整特效的覆盖范围

按照前面的方法为视频添加完特效以后，在主轨道下方会出现一条特效素材，如图 4-25 所示。选中该特效素材，将其右侧的白色边框向右拖动，使其长度和视频长度保持一致，这样就能将特效作用于整段视频，如图 4-26 所示。

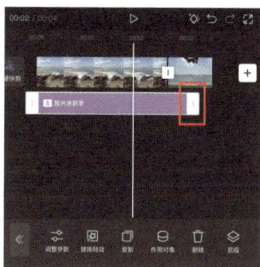
图4-25

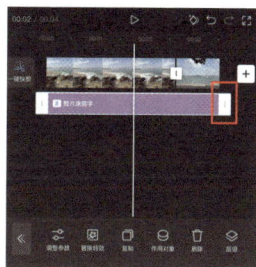
图4-26

4.2.2 调整特效的作用对象

后面我们会接触到一种特殊的情况——画中画，多个画面同时出现在屏幕中，如图 4-27 所示。默认情况下，特效是作用在主轨道的视频上。如果想要调整，可以在添加完特效以后，选中该特效素材，单击底部工具栏中的"作用对象"按钮⊖，如图 4-28 所示。

图4-27

图4-28

在打开的"作用对象"面板中，可以选择将特效添加在画中画的视频上，如图4-29所示。也可以单击"全局"按钮 🔲，将特效应用到全部素材上，如图4-30所示。

图4-29

图4-30

4.2.3　调整特效参数与复制、删除特效

添加完特效以后，选中该特效素材，单击底部工具栏中的"调整参数"按钮 🔗，如图4-31所示。在打开的"调整参数"面板中，可以对其参数细节进行调整，如图4-32所示。也可以选中该特效素材，单击底部工具栏中的"复制"按钮 🔲 或"删除"按钮 🔲，复制或删除该特效，如图4-33所示。

图4-31

图4-32

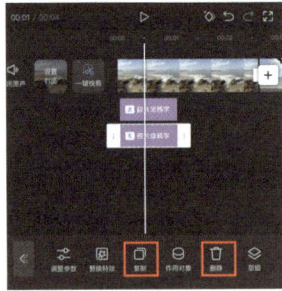

图4-33

4.2.4　修改特效的层级

有的时候，我们还会同时为一段视频添加多个特效，添加顺序的不同会得到不同的画面效果。添加完多个特效以后，选中其中一条特效素材，单击底部工具栏中的"层级"按钮 🔷，如图4-34所示。在打开的"层级调整"面板中，选择优先将某一个特效置于顶部，将会得到不一样的画面效果，如图4-35和图4-36所示。

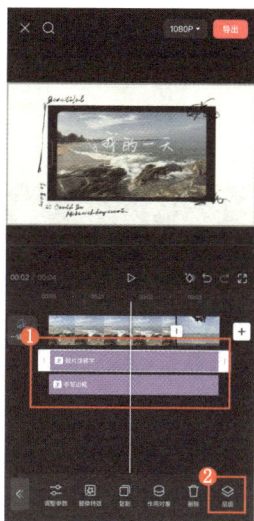

图4-34　　　　　　　　　　图4-35　　　　　　　　　　图4-36

4.2.5　实操案例：猫咪涂鸦特效

想为宠物视频增添独特的趣味表达？剪映的涂鸦特效能轻松实现创意描边效果，通过动态轮廓线条让普通画面秒变动画感十足的创意作品。本节将手把手教你用该功能为猫咪玩耍视频添加生动描边，打造兼具个性和传播力的趣味短视频。具体的操作步骤如下。

01　打开剪映 App，在开始界面单击"开始创作"按钮 ⊞，导入"猫咪"视频素材。

02　在不选中任何素材的情况下，单击底部工具栏中的"特效"按钮 ♡，如图 4-37 所示。在打开的特效二级工具栏中单击"画面特效"按钮 ▣，如图 4-38 所示。

图4-37　　　　　　　　　　　　　　　图4-38

03 在打开的"画面特效"面板中，选择"边框"分类中的"生日涂鸦"特效，该特效会自动追踪猫咪位置，如图 4-39 所示。

04 选中该特效素材，单击底部工具栏中的"调整参数"按钮，如图 4-40 所示。在打开的"调整参数"面板中，对特效的颜色、大小等进行微调，如图 4-41 所示。

图4-39

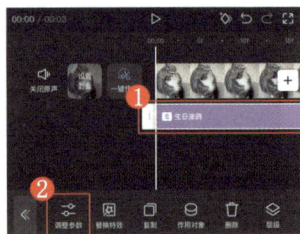
图4-40

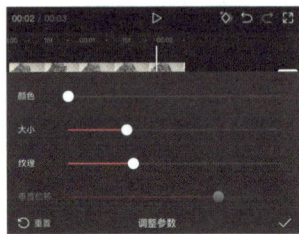
图4-41

05 最终效果如图 4-42 至图 4-44 所示。

图4-42

图4-43

图4-44

4.2.6　实操案例：主播动漫换脸特效

在主播类短视频创作中，频繁使用同一形象容易让观众产生审美疲劳，导致视频趣味性和互动率逐渐下滑。针对这一痛点，剪映的人物特效功能通过人脸识别技术，可以将人脸一键替换为动物脸或卡通形象，为视频增添创意亮点。

本节将以一段知识类口播视频为例，讲解如何通过剪映的人物特效功能对主播进行趣味化换脸。需要提前准备一段真人视频，建议拍摄时主角突出、画面干净，方便特效精准识别。具体的操作步骤如下。

01 打开剪映 App，在开始界面单击"开始创作"按钮，导入"主播"视频素材。

02 在不选中任何素材的情况下，单击底部工具栏中的"特效"按钮，如图 4-45 所示。在打开的特效二级工具栏中单击"人物特效"按钮，如图 4-46 所示。

图4-45

图4-46

03 在打开的"人物特效"面板中，选择"形象"分类中的"帅气男生"特效，如图 4-47 所示。紧接着再次单击该特效，进入"参数调整"面板，可以将特效稍调小一些，更加贴合自己的脸型，如图 4-48 所示。最后单击面板右上角的✅按钮，保存刚刚的操作。

图4-47

图4-48

04 这种换脸的特效一般需要全程使用，因此在回到主轨道后，选中该特效素材，将其右侧的白色边框向右拖动，使其长度和视频长度保持一致，如图 4-49 所示。

05 不仅可以为主播换脸，还可以根据口播的内容添加情绪特效，让画面更加生动。在讲解中的关键点，可以添加"情绪"分类中的"灵机一动"特效，将特效的速度调整到"13"，让特效出现的时间更长一些，如图 4-50 所示。

06 还可以在讲到重点内容时，运用"情绪"分类中的"气炸了"特效，如图 4-51 所示。以此类推，我们可以在一段普通的口播视频中加入丰富的特效，让画面变得更加生动有趣。

图4-49

图4-50

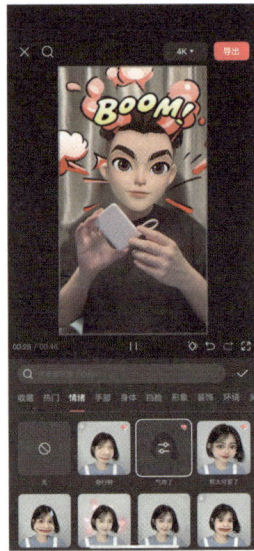
图4-51

07 最终效果如图 4-52 至图 4-54 所示。

图4-52

图4-53

图4-54

4.3 用剪映专业版添加特效

　　由于手机操作的特性，利用剪映 App 为多段位于不同层级的视频添加特效，相对来说比较烦琐。而剪映专业版支持将特效拖到不同轨道分层添加，可以实现更精细的效果控制。

4.3.1 添加特效

进入剪映专业版的操作界面后，单击工具栏中的"特效"按钮，下方的素材区会随之切换到添加特效的界面。和剪映 App 一样，剪映专业版也提供了画面特效和人物特效两种特效类型，可以在素材区左侧的选项卡中切换选择，如图 4-55 和图 4-56 所示。

图4-55

图4-56

用鼠标选中喜欢的特效后，直接将其拖拽到时间轴上，就完成了特效的添加和调用，如图 4-57 所示。

图4-57

4.3.2 实操案例：小动物写真混剪

我们常常会通过照片混剪记录生活日常，但静态画面堆叠容易显得单调，缺乏趣味性。针对这一需求，剪映专业版的边框特效功能提供了便捷的创意方案——通过画面特效，为每张照片叠加动态元素，瞬间提升画面活力。本节将以一组小动物照片混剪为例，讲解如何在剪映专业版中添加特效效果。具体的操作步骤如下。

01 打开剪映专业版软件，导入多张小动物的照片，将其添加到时间轴上，并将每张照片的时长调整为 2s，如图 4-58 所示。

图4-58

02 单击工具栏中的"特效"按钮，下方的素材区会随之切换到特效添加的界面。将素材区左侧的选项卡切换至"画面特效"，选择"运镜"分类中的"3D运镜"特效，将其拖拽到图片上，如图4-59所示。用同样的方法为其他照片都添加上"3D运镜"特效，如图4-60所示。

图4-59

图4-60

03 选择"Bling"分类中的"细闪"特效，将其添加到时间轴的单独轨道上，如图4-61所示。将其右侧的白色边框向右拖动，使其长度和视频长度保持一致，将特效效果覆盖作用到所有照片，如图4-62所示。

图4-61

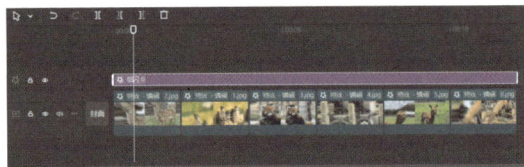

图4-62

提示

剪映专业版中的特效有两种添加状态。图4-59中的"3D运镜"特效只能添加在视频上。图4-61中的"细闪"特效既能直接添加在视频上，也可以当作一条独立的特效素材，添加在单独的轨道上。

04 选中"细闪"特效，右上角的属性区就变成特效属性区，可以在这里对效果进行细微的调整，如图 4-63 所示。

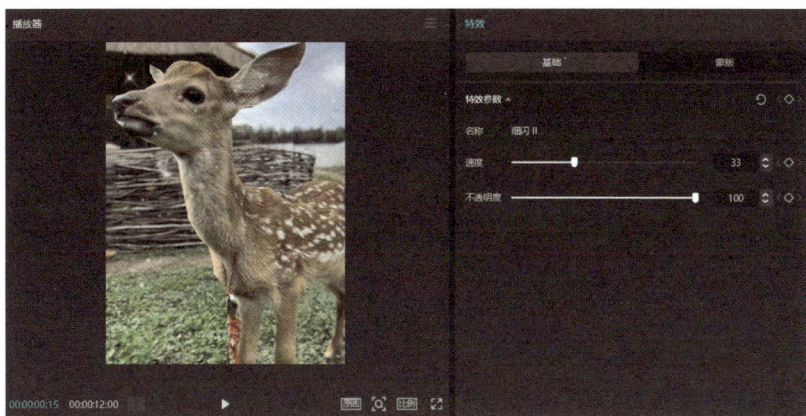

图4-63

05 最终效果如图 4-64 至图 4-66 所示。

图4-64

图4-65

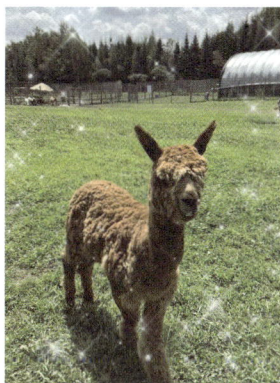

图4-66

4.4 AI特效生成：想象力的可视风格化

剪映 AI 特效是通过智能算法自动生成风格化视觉效果，可以把我们天马行空的创意快速实现成作品。这个功能大大降低了艺术创作的门槛，使得普通创作者即使没有深厚的美术功底，只需要用口语化的描述词搭配参数滑块，就能将幻想场景变成可视化的视频素材。

4.4.1 灵感激发与风格自定义

在不选中任何素材的情况下，单击底部工具栏中的"特效"按钮，如图 4-67 所示。在打开的特效二级工具栏中单击"AI特效"按钮，如图4-68所示。

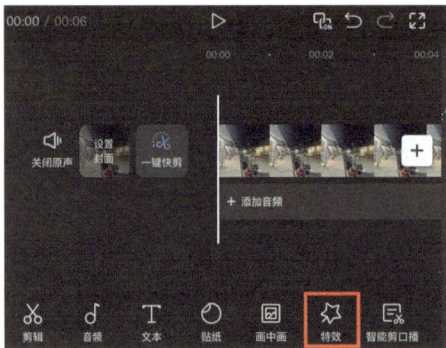

图4-67

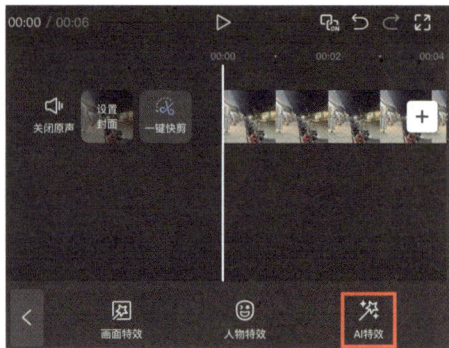

图4-68

1. 灵感

在打开的"AI特效"面板中，默认的是"灵感"界面。创作者没有好的想法时，可以通过滑动页面来预览灵感缩略图。如果对某个展示的灵感感兴趣，可以选中该灵感，单击左下角的"编辑"按钮，如图4-69所示。随后就可以对该灵感的描述词进行修改，或者对强度进行调整，如图4-70所示。强度的数值越低，效果越接近原素材；数值越高，越接近AI描述词。也可以直接单击"生成"按钮，进行视频生成，如图4-71所示。

图4-69

图4-70

图4-71

系统会随机生成几种方案，创作者选择喜欢的方案后，单击右下角的"应用"按钮，可将该效果应用到原素材上，如图4-72和图4-73所示。

图4-72

图4-73

2. 自定义

AI 特效的核心在于描述词设计。当系统提供的灵感方案无法满足需求时，我们也可以自己设计描述词，生成想要的特效。

在打开的"AI 特效"面板中，首先选择"自定义"界面，接着选择适合的模型，输入描述词，可以采用"主题描述＋材质＋风格＋氛围词"的结构来控制生成的方向，如图 4-74 所示。然后调整强度数值，单击"生成"按钮，即可得到多种备选方案，如图 4-75 和图 4-76 所示。

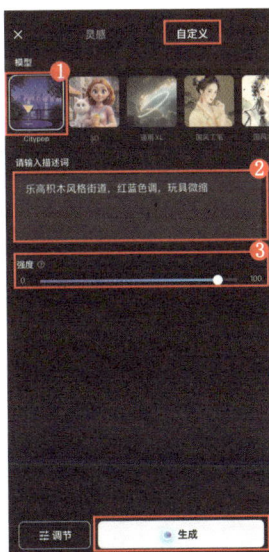

图4-74

图4-75

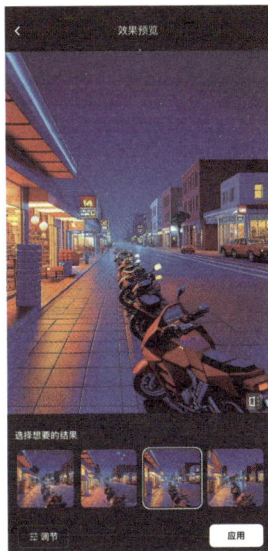

图4-76

4.4.2 实操案例：AI穿越名画效果

本案例利用剪映的 AI 特效功能，将真实场景动态转化为梵高风格的绘画场景，实现从现实到艺术画作的沉浸式"穿越"效果。整个过程不需要专业设备，仅通过手机剪辑即可完成名画风格的创意转场。具体的操作步骤如下。

01 打开剪映 App，在开始界面单击"开始创作"按钮 ⊞，导入视频素材。

02 将时间线移动到视频的 2/3 处，如图 4-77 所示。选中该视频素材，单击底部工具栏中的"分割"按钮 ⚏，如图 4-78 所示。该操作将视频分割成两段，如图 4-79 所示。

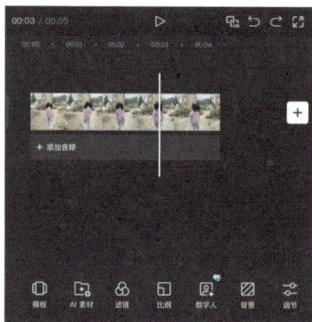
图4-77

图4-78

图4-79

03 在不选中任何素材的情况下，单击底部工具栏中的"特效"按钮 ⚑，如图 4-80 所示。在打开的特效二级工具栏中单击"AI 特效"按钮 ⚒，如图 4-81 所示。

04 在打开的"AI 特效"面板中，进入默认的"灵感"界面。选择"艺术绘画"分类中的"梵高星夜"特效，可以直接单击生成，如图 4-82 所示，将第二段视频转换成梵高风格的场景。

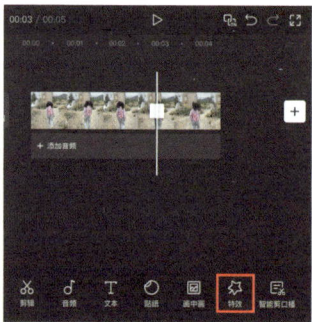
图4-80

图4-81

图4-82

05 回到操作界面后，在不选中任何素材的情况下，单击两个片段连接处的"转场"按钮 |，如图 4-83 所示。在打开的"转场"面板中，选择"运镜"分类中的"推进"转场特效，如图 4-84 所示。这样能让前后两段素材的转换衔接更加自然。

06 最终呈现的效果是从一个真实的场景穿越到梵高风格的绘画场景，如图 4-85 至图 4-88 所示。

图4-83

图4-84

图4-85

图4-86

图4-87

图4-88

4.5 知识拓展：轴线原则

  在影视拍摄中，轴线指由被摄对象的视线方向、运动方向或不同主体间的位置关系所形成的一条假定的线，又称为关系线、运动线、180°线，它直接影响着镜头的调度。我们在拍摄的时候，需要遵循轴线原则。所谓的轴线原则，是指在拍摄时，所有机位必须保持在轴线同一侧的180°范围内拍摄。任何越过这条轴线所拍的镜头，都叫作"跳轴""越轴"或"离轴"现象。"越轴"可能会引起主体方向或位置突变，导致观众空间认知混乱。根据场景的不同，轴线分为以下三类。

1. 方向轴线

方向轴线是指静止的主体视线方向构成的轴线,如图 4-89 所示。

图4-89

2. 关系轴线

关系轴线是指两个或两个以上的主体之间形成的假想连接线,常见于主体的对话场景中,如图 4-90 所示。

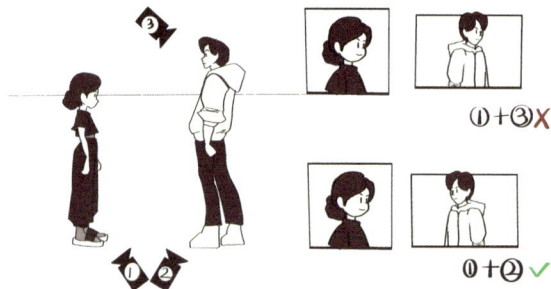

图4-90

3. 运动轴线

运动轴线是指被摄主体运动的方向、路线或轨迹,如人物行走、车辆行驶的路径,如图 4-91 所示。

图4-91

第5章

声音：让短视频
更加"动听"

音乐决定作品的节奏与情绪，而短视频的听觉体验则直接影响用户留存与情感共鸣。本章将系统讲解剪映中音乐添加、音效处理、踩点技巧及AI音频工具的使用方法。从基础操作到创意设计，涵盖知识类视频的清晰解说需求，到生活片段的氛围音乐匹配，系统的声音处理能让画面信息更完整，内容呈现更专业。

5.1 添加音乐、音效和录音

背景音乐、音效和录音是短视频制作的基础声音元素。本节将分步讲解如何在剪映中精准地添加背景音乐、烘托气氛的音效以及清晰的人声录音。掌握这些操作能快速构建完整的视听体验，让观众更直观地理解视频内容。

5.1.1 添加音乐的四种方法

剪映提供了多样化的音乐导入方式，创作者可以自由地添加自己喜欢的音乐，适配不同创作场景。

1. 添加音乐素材库中的音乐

剪映的音乐素材库提供了丰富的音乐资源。在不选中任何素材的情况下，单击底部工具栏中的"音频"按钮，如图5-1所示。在打开的音频二级工具栏中单击"音乐"按钮，如图5-2所示，即可进入剪映音乐素材库。

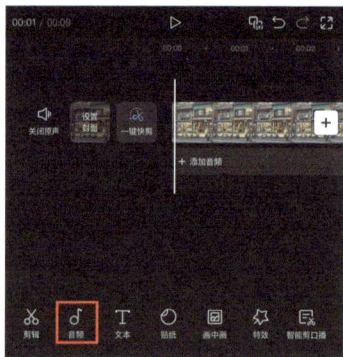

图5-1　　　　　　　　　　　　图5-2

素材库对音乐进行了细致的分类，创作者可以根据不同的音乐类别进行挑选。在适合的音乐右侧单击"下载"按钮，即可下载该音乐进行试听，如图5-3所示。音乐下载好后，单击右侧的"使用"按钮（见图5-4），则将该音乐添加在时间轴中，如图5-5所示。

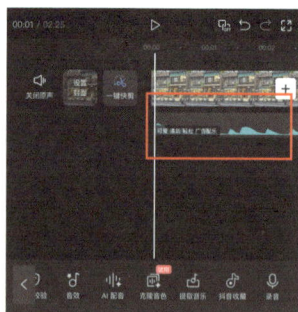

图5-3　　　　　　　　图5-4　　　　　　　　图5-5

2. 添加抖音收藏音乐

剪映和抖音为同一公司旗下的产品，两者在技术和资源上深度协同。当创作者通过抖音账号登录剪映时，剪映与抖音账号实现了绑定，就可以直接使用抖音收藏夹中的热门音乐。

具体方式是，打开抖音 App，单击视频界面右下角的 CD 形状按钮，如图 5-6 所示。在打开的"拍同款"界面中，单击"收藏原声"按钮，即可收藏该视频的背景音乐，如图 5-7 所示。

图5-6

图5-7

进入剪映 App 的操作界面，在不选中任何素材的情况下，单击底部工具栏中的"音频"按钮 ♪，如图 5-8 所示。在打开的音频二级工具栏中单击"抖音收藏"按钮 ♬，如图 5-9 所示，即可进入剪映音乐素材库。

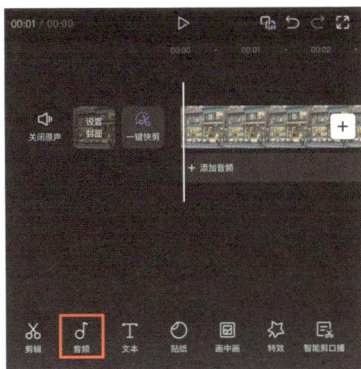

图5-8

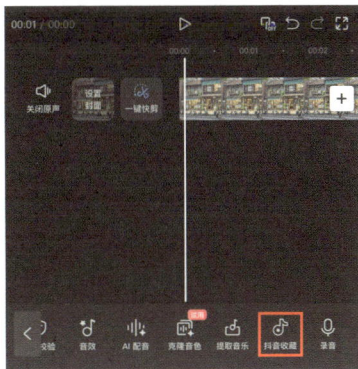

图5-9

在音乐素材库的"抖音收藏"界面中，可以看到刚才收藏的音乐已经在列表中，如图 5-10 所示。在该音乐右侧单击"下载"按钮 ↓，下载完成后单击右侧的"使用"按钮 █，则将该音乐添加在时间轴中，如图 5-11 所示。

图5-10

图5-11

3. 提取视频中的音乐进行添加

创作者还可以将手机中存储和拍摄的视频中的音乐提取出来，导入剪映中进行创作。进入剪映操作界面后，在不选中任何素材的情况下，单击底部工具栏中的"音频"按钮🎵，如图 5-12 所示。在打开的音频二级工具栏中单击"提取音乐"按钮🎵，如图 5-13 所示。在打开的本地相册中，选中需要的视频，单击"仅导入视频的声音"按钮（见图 5-14），即可将视频中的音乐添加在时间轴中，如图 5-15 所示。

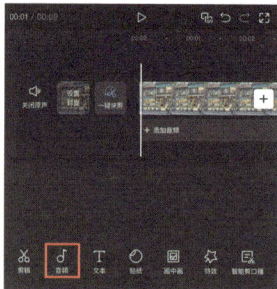

图5-12

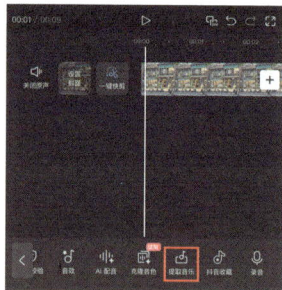

图5-13

图5-14

图5-15

4. 导入外部音乐

除了提取视频中的音乐，也可以将手机中的其他MP3、WAV等格式的音频文件导入剪映中。按照前面步骤，打开剪映音乐素材库以后，在下面的"导入"界面中，单击"从文件中导入"按钮，如图 5-16 所示。在展开的文件面板中，选择需要添加的音频文件，单击"打开"按钮，如图 5-17 所示。返回到音乐素材库后，可以看到该音频文件已经添加进来了，单击"使用"按钮，即可将该音乐添加到时间轴中，如图 5-18 和图 5-19 所示。

图5-16

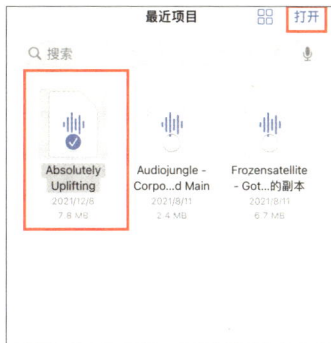

图5-17

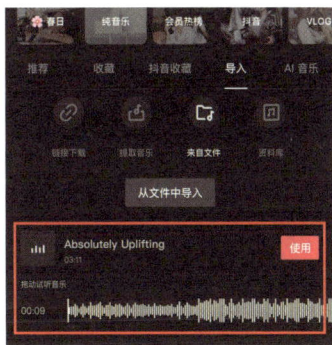

图5-18

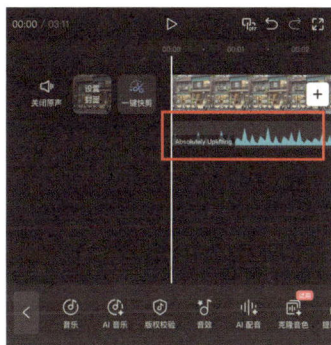

图5-19

提示

图 5-16 显示的"导入"界面中，还有一个选项"链接下载"。当剪映素材库中的音乐无法满足需求时，创作者还可以复制其他网页的链接，粘贴在"链接下载"处，将其他链接中的音乐导入剪映中。使用该方法要注意版权问题。

5.1.2 添加音效的方法

音效就是由声音所制造的效果，用于增强画面细节的真实性和感染力。在短视频中，音效能精准传递动作质感（比如用"咔嚓"声强化开关灯画面）、弥补拍摄环境声音的不足（比如用风雨声烘托氛围）、提升视频的娱乐性（比如综艺节目中的笑声），是提升作品沉浸感的关键元素。

剪映为创作者提供了丰富的音效，音效的添加方法与音乐相同。进入操作界面后，在不选中任何素材的情况下，单击底部工具栏中的"音频"按钮🎵，如图 5-20 所示。在打开的音频二级工具栏中单击"音效"按钮🎵（见图 5-21），即可进入剪映音效库。音效库提供了各种类型的音效，创作者可以根据不同的音效类别进行挑选，也可以在搜索框中快速寻找想要的音效，如图 5-22 所示。

图5-20

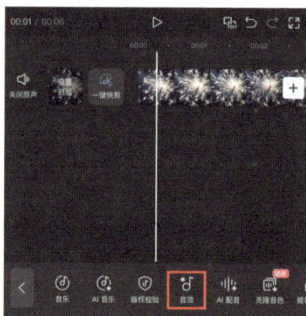

图5-21

图5-22

例如，输入关键词"烟花"后，搜索出多条烟花音效。在适合的音效右侧单击"下载"按钮⬇，即可下载该音效，然后单击右侧的"使用"按钮🟥（见图 5-23），则将该音效添加在时间轴中，如图 5-24 所示。

图5-23

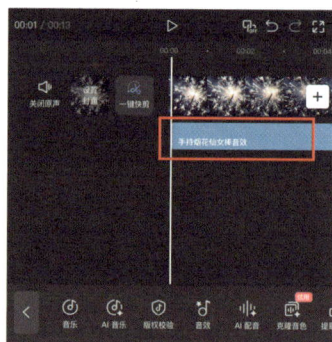

图5-24

5.1.3 添加录音的方法

剪映不仅支持音乐和音效的导入，还提供了便捷的录音功能。通过麦克风实时录制人声，创作者可以直接在剪辑过程中添加 Vlog 旁白、影视解说、商业口播等。

在不选中任何素材的情况下，单击底部工具栏中的"音频"按钮🎵，如图 5-25 所示。在打开的音频二级工具栏中单击"录音"按钮🎤，如图 5-26 所示。进入"录音"面板以后，就可以单击红色的录音按钮进行录制，如图 5-27 所示。

再次单击录音按钮完成录制，此时可以对录制的声音进行处理。单击左侧的"人声美化"按钮，如图 5-28 所示。在打开的"人声美化"面板中，可以通过拖动美化程度滑块，去除录音的混响、喷麦、杂音等问题，得到干净、清晰的人声素材，如图 5-29 所示。

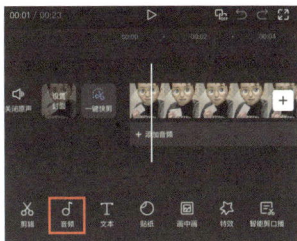

图5-25

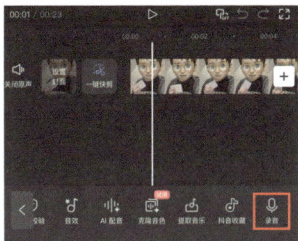

图5-26

图5-27

剪映还提供多种变声效果（如卡通音、机器人声），让解说更具趣味性，为画面增添独特的听觉记忆点。在"录音"面板中，单击右侧的"声音效果"按钮，如图 5-30 所示。在打开的"声音效果"面板中，既可以选择有趣的音色，如图 5-31 所示，也可以为声音添加不同的环境效果（如楼道回声、流水声），如图 5-32 所示。设置完成后，单击右上角的 ☑ 按钮，则将该段录音添加到时间线中，如图 5-33 所示。

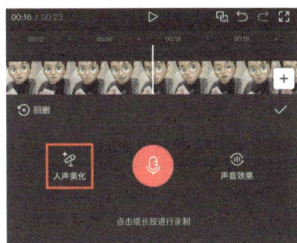

图5-28

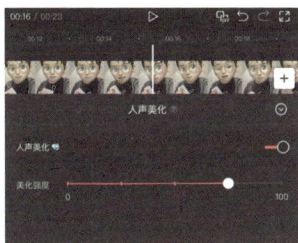

图5-29

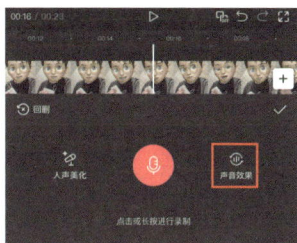

图5-30

图5-31

图5-32

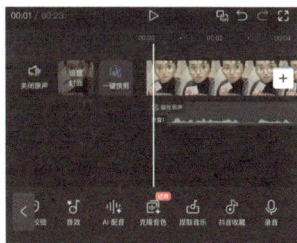

图5-33

5.2 音频素材的处理

音频的分割、复制、删除等基础操作逻辑与视频剪辑一致，本节不再重复。本节内容将聚焦音频的进阶处理技巧——从音量调节、过渡衔接，到声音元素的分离与变速控制，通过具体案例演示如何让音乐、音效和人声自然融合，全面提升视频的听觉质感。

5.2.1　音量调节

在选中某段音频素材的情况下，单击底部工具栏中的"音量"按钮🔊，如图 5-34 所示。在打开的"音量"面板中，拖动滑块就可以调节音量大小，调节完成后单击右下角的✅按钮，即可保存操作，如图 5-35 所示。我们还可以单击主轨道最左边的"关闭原声"按钮🔇，一键关闭视频的所有声音，如图 5-36 所示。

图5-34

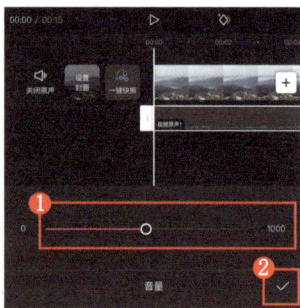
图5-35

图5-36

5.2.2　淡入淡出

如果直接加入声音，有时可能会显得很突兀，我们可以为音频加上淡入淡出的效果，让声音进入和消失得更加自然。选中某段音频素材的情况下，单击底部工具栏中的"淡入淡出"按钮📶，如图 5-37 所示。在打开的"淡入淡出"面板中，拖动滑块就可以调节淡入淡出的时长，调节完成后单击右下角的✅按钮，即可保存操作，如图 5-38 所示。

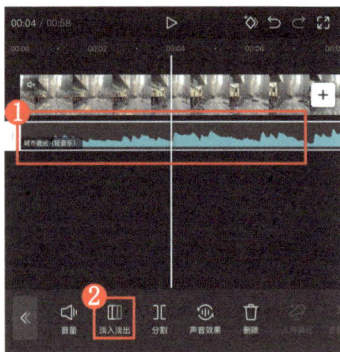
图5-37

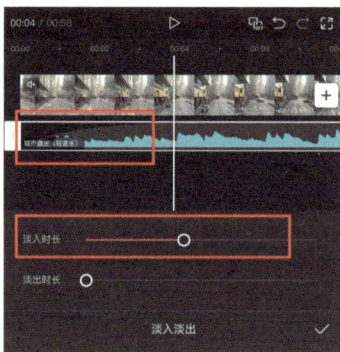
图5-38

5.2.3　变速

在选中某段音频素材的情况下，单击底部工具栏中的"变速"按钮⏱，如图 5-39 所示。在打开的"变速"面板中，拖动滑块调节音频播放的倍速，调节完成后单击右下角的✅按钮，即可保存操作，如图 5-40 所示。

图5-39

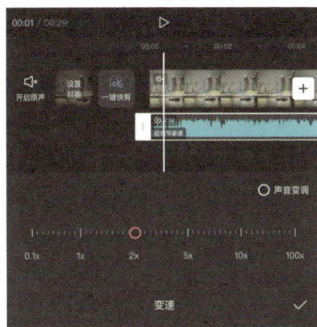

图5-40

5.2.4 音频分离与人声分离

很多时候我们需要去掉视频的原声，重新为视频录制旁白和添加背景音乐，这就需要将原本的音乐人声与视频分离。选中需要处理的音频素材，单击底部工具栏中的"音频分离"按钮，如图 5-41 所示。视频的声音就被分离出来，变成一条单独的音频素材，出现在时间轴中，如图 5-42 所示。

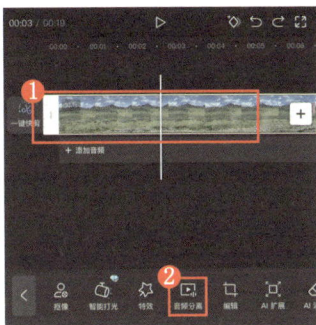

图5-41

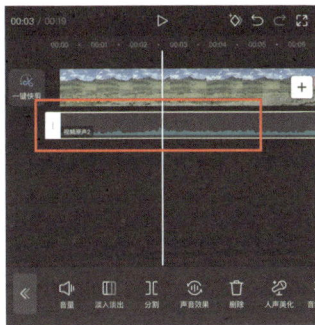

图5-42

如果要继续将这段声音中的人声分离出来，则可以选中该条声音，单击底部工具栏中的"人声分离"按钮，如图 5-43 所示。在打开的"人声分离"面板中，可以选择仅保留人声、去掉背景音，或者保留背景音、去掉人声，如图 5-44 所示。

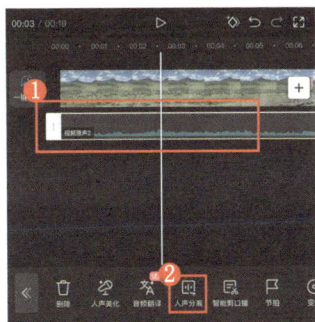

图5-43

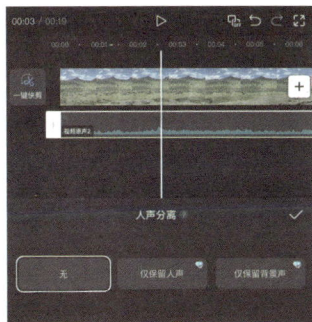

图5-44

5.2.5 实操案例：为定格动画添加有趣音效

许多创作者在制作短视频时，往往只注重背景音乐的添加，却忽略了环境音效与动作音效对沉浸感的关键作用。音效的缺失，会让画面动作显得单薄，观众难以产生"身临其境"的共鸣感。

本节将为一段真人实拍的美食主题定格动画添加音效，通过环境音效构建场景氛围，动作音效强化真实感，趣味音效增添创意亮点。具体的操作步骤如下。

01 打开剪映 App，在开始界面单击"开始创作"按钮 +，导入拍摄好的视频素材。

02 将时间线滑动至视频开头。视频开头是逐字出现的片头字幕，可以为其添加"打字"等音效。在不选中任何素材的情况下，单击底部工具栏中的"音频"按钮 ♪，如图 5-45 所示。在打开的音频二级工具栏中单击"音效"按钮 ♪，如图 5-46 所示。在剪映音效库中，添加"机械"分类中的"打字声"音效，如图 5-47 所示。

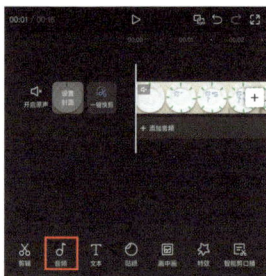
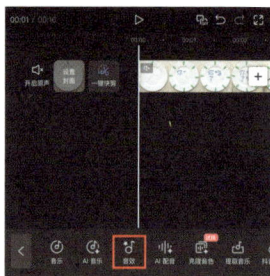

| 图5-45 | 图5-46 | 图5-47 |

03 "打字声"音效随即添加到时间轴上，继续单击底部工具栏中的"音效"按钮 ♪，如图 5-48 所示。在剪映音效库的搜索栏中，搜索"叮铃提示声"，如图 5-49 所示。单击"叮铃提示音"右侧的"使用"按钮，这样就为片头字幕添加了有趣的综艺感音效，如图 5-50 所示。

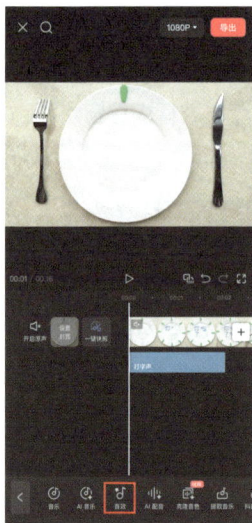

| 图5-48 | 图5-49 | 图5-50 |

04 将时间线滑动到下一个重要的镜头，此处的画面是刀叉碰撞，如图5-51所示。单击底部工具栏中的"音效"按钮🎵，在剪映音效库中，搜索"铁器碰撞"，如图5-52所示。将"铁器碰撞"音效添加到对应的画面处，由于刀叉碰撞了两次，可以将该音效复制一次，如图5-53所示。

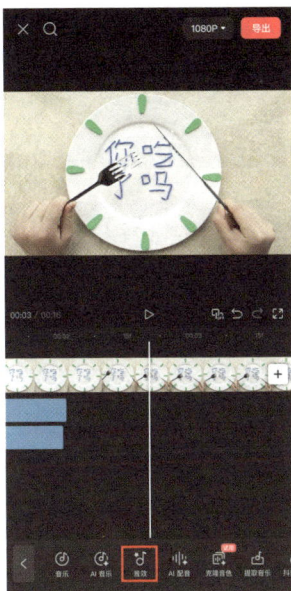

图5-51　　　　　　　　　　　图5-52　　　　　　　　　　　图5-53

05 继续将时间线向后滑动，该处是两个场景的过渡段，可以在此添加一个转场音效，如图5-54所示。单击底部工具栏中的"音效"按钮🎵，在剪映音效库中，添加"转场"分类中的"Woosh"音效，如图5-55和图5-56所示。

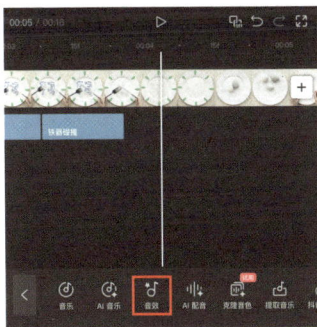

图5-54　　　　　　　　　　　图5-55　　　　　　　　　　　图5-56

06 继续将时间线向后滑动，该处的画面是磕鸡蛋，如图5-57所示。单击底部工具栏中的"音效"按钮🎵，在剪映音效库中，搜索"磕鸡蛋音效"，如图5-58所示。由于画面的动作重复了多次，可以将该音效复制两次，并按照相应的动作进行摆放，如图5-59所示。

图5-57

图5-58

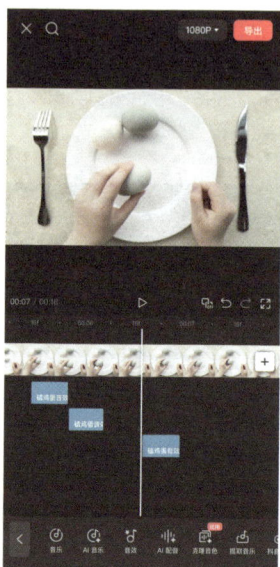
图5-59

07 重复前面的操作，分别为剥鸡蛋、推盘子、切馒头这几个动作添加上相应的音效，如图 5-60 至图 5-62 所示。

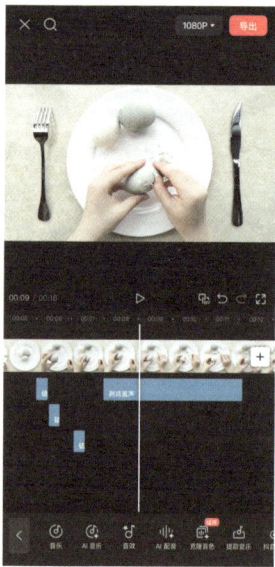
图5-60

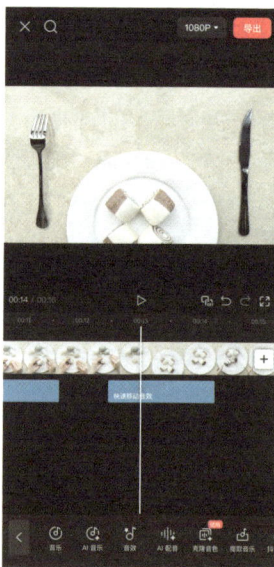
图5-61

图5-62

08 添加完音效后，继续为视频添加背景音乐。将时间线滑动到视频开头，单击底部工具栏中的"音乐"按钮，如图 5-63 所示。在剪映音乐素材库中，添加喜欢的音乐，如图 5-64 所示。由于音乐过长，选中该音乐，将时间线滑动至视频末尾，单击底部工具栏中的"分割"按钮，将过长的部分裁剪掉，如图 5-65 所示。

| 图5-63 | 图5-64 | 图5-65 |

09　选中裁剪好的背景音乐，单击底部工具栏中的"淡入淡出"按钮▥，如图 5-66 所示。在打开的"淡入淡出"面板中，拖动滑块调节淡出的时长，调节完成后单击右下角的☑按钮保存，如图 5-67 所示。

10　最终添加完音效和音乐的时间轴，如图 5-68 所示。

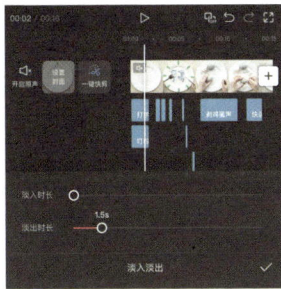
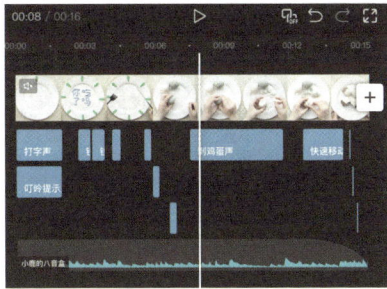

| 图5-66 | 图5-67 | 图5-68 |

5.3　音乐卡点

　　除了为视频添加背景音乐、有趣的音效，现在各大短视频平台上比较流行的玩法就是音乐卡点。音乐卡点是根据音乐的节拍切换画面或者添加特效，形成视听同步的冲击感。比如变装视频中，在音乐高潮处切换造型，或旅行视频中每个鼓点对应不同景点镜头。剪映为创作者提供了两种卡点方法。

5.3.1　手动踩点

　　在时间轴添加了相应的视频和音乐以后，选中该音乐，单击底部工具栏中的"节拍"按钮🅱，如图 5-69 所示。在打开的"节拍"面板中，通过观察音乐波形图，将时间线移动到波峰处，单击"添加点"按钮，就可以在此处添加一个黄色的标记，如图 5-70 所示。

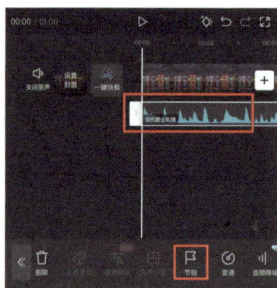

图5-69

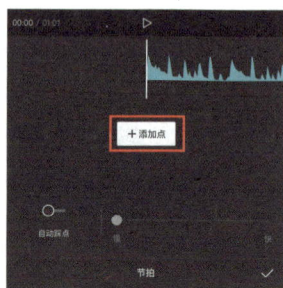

图5-70

如果对添加的标记不满意，单击"删除点"按钮，则可以将该处的标记删除，如图 5-71 所示。添加完成后，单击✔️按钮保存操作。返回到时间轴后，可以看到音频上有刚才添加的标记点，这样就可以很方便地根据标记点的位置对视频画面进行调整，如图 5-72 所示。

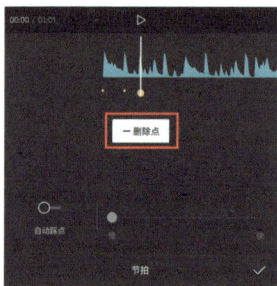

图5-71

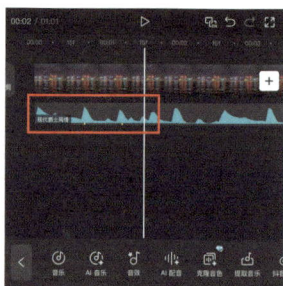

图5-72

5.3.2　自动踩点

手动踩点的效率相对要低一些，剪映的自动踩点功能可以自动识别音乐节奏点，让踩点更加精准和高效。和之前的方法类似，当时间轴添加了相应的视频和音乐以后，选中该音乐，单击底部工具栏中的"节拍"按钮📍，如图 5-73 所示。在打开的"节拍"面板中，单击"自动踩点"按钮，此时音乐的下方会自动生成一排黄色的标记，如图 5-74 所示。创作者可以根据自己的需要设置踩点的快慢程度，还可以手动添加、删除标记，对自动踩点结果进行调整。完成后单击✔️按钮保存操作，最终的效果如图 5-75 所示。

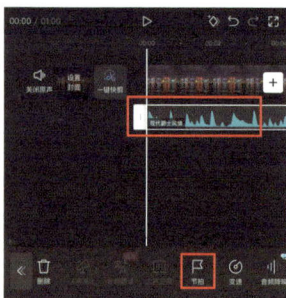

图5-73

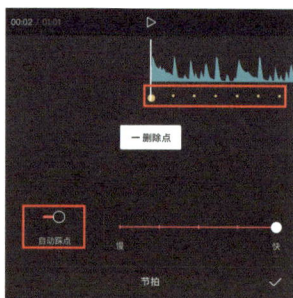

图5-74

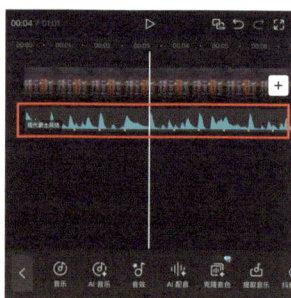

图5-75

5.3.3　实操案例：烟花音乐卡点视频

之所以音乐卡点现在成为各大短视频平台上比较流行的玩法，是因为画面切换与音乐节奏高度匹配，形成了强烈的视觉冲击力，能让观众产生情绪共鸣。本节将利用剪映的节拍踩点功能，独立完成一段视觉冲击力强、节奏流畅且音画高度契合的烟花主题卡点短视频。具体的操作步骤如下。

01 打开剪映 App，在开始界面单击"开始创作"按钮 ⊞，导入多段"烟花"视频素材。

02 在不选中任何素材的情况下，单击底部工具栏中的"音频"按钮 🎵，如图 5-76 所示。在打开的音频二级工具栏中单击"音乐"按钮 🎵，如图 5-77 所示。进入剪映音乐素材库后，在顶部的搜索框中输入"卡点"，方便找到节奏感强的音乐，如图 5-78 所示。

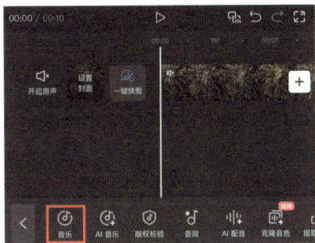
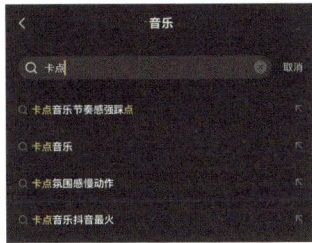

　　　图5-76　　　　　　　　　　　　图5-77　　　　　　　　　　　　图5-78

03 挑选到合适的音乐后，下载试听，然后单击右侧的"使用"按钮 ▣，如图 5-79 所示，该音乐就会添加到时间轴中。

04 选中该音乐，单击底部工具栏中的"节拍"按钮 ▣，如图 5-80 所示。在打开的"节拍"面板中，单击"自动踩点"按钮，如图 5-81 所示。

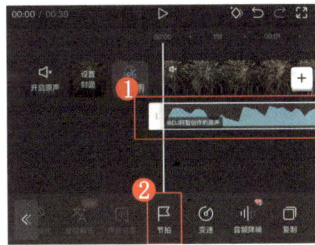
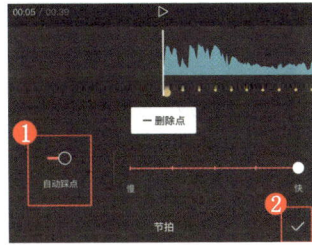

　　　图5-79　　　　　　　　　　　　图5-80　　　　　　　　　　　　图5-81

05 单击 ✓ 按钮，回到主轨道，此时音乐的下方会自动生成一排黄色的标记。将每个视频的时长调整到和黄色标记点一致的位置，如图 5-82 所示。

06 为了让画面的卡点效果更有律动感，我们可以选择在画面切换的时候加上转场动画。单击两个片段之间的"转场"按钮 ▢，如图 5-83 所示。在打开的"转场"面板中，选择一个合适的转场，然后单击面板左上方的"全局应用"按钮，即可将选择的转场动画应用到每个视频片段里，从而避免一个个手动添加，设置完成后单击右上角的 ✓ 按钮保存，如图 5-84 所示。

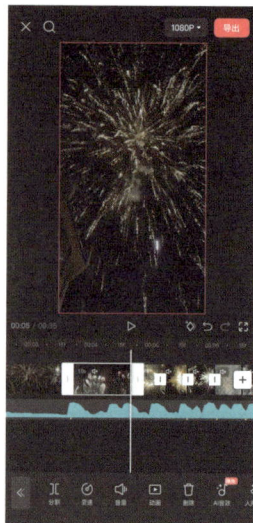
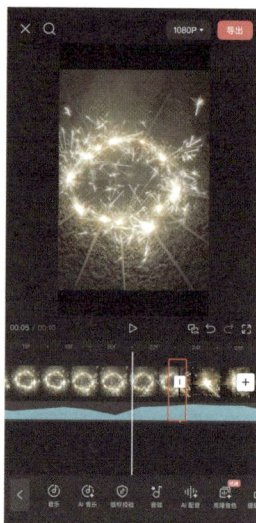
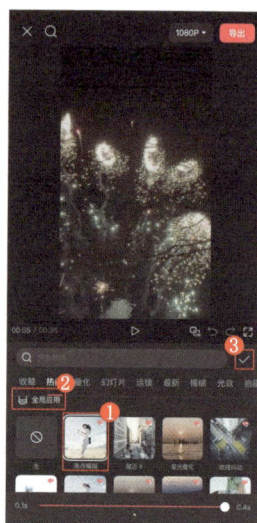

| 图5-82 | 图5-83 | 图5-84 |

07 最终效果如图 5-85 至图 5-87 所示。

| 图5-85 | 图5-86 | 图5-87 |

5.4 用剪映专业版添加声音

剪映专业版在处理复杂声音项目上优势明显：更大的时间轴空间、多轨道的灵活控制等。如果我们需要为长视频配乐、管理多条音轨（如环境声、背景音乐、人声、音效等），剪映专业版可以让创作者更加高效和精准地编辑声音。

5.4.1 导入音频

进入剪映专业版的操作界面后，单击工具栏中的"音频"按钮，下方的素材区会随之切换到音频导入的界面。在此界面的左侧有"导入""我的""AI音乐""音乐库""音效库"5个选项卡，对应不同的音频创建方式。

01 音乐库导入。单击工具栏中的"音频"按钮 ◉，将素材区左侧的选项卡切换至"音乐库"，如图 5-88 所示。在适合的音乐右侧单击"下载"按钮 ⬇，即可下载该音乐进行试听，如图 5-89 所示。音乐下载以后，直接将其拖拽到时间轴上，时间轴上就会新增一条音乐素材，如图 5-90 所示。

图5-88

图5-89

图5-90

02 音频提取。将素材区左侧的选项卡切换至"导入"，单击音频提取的"导入"按钮（见图 5-91），即可将视频中的背景声音提取出来，如图 5-92 所示。

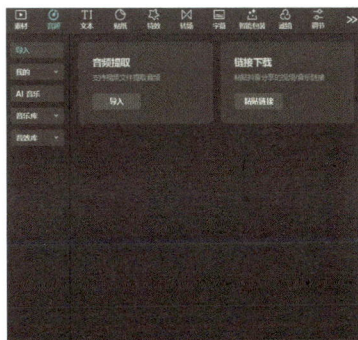

图5-91

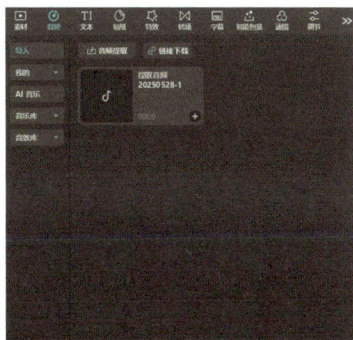

图5-92

03 抖音收藏与音效库。将素材区左侧的选项卡切换至"我的"，就可以添加收藏的音乐素材，如图5-93所示。将素材区左侧的选项卡切换至"音效库"，则可以打开音效库，将音效添加进来，如图5-94所示。

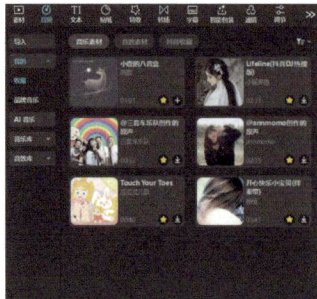

图5-93   图5-94

04 录音。除了直接添加音频，我们还可以直接录音。单击时间轴中的"录音"按钮🎤，如图5-95所示。进入"录音"面板以后，单击红色的录音按钮进行录制，如图5-96所示。录制结束后，一条新的声音素材被添加到时间轴上，如图5-97所示。

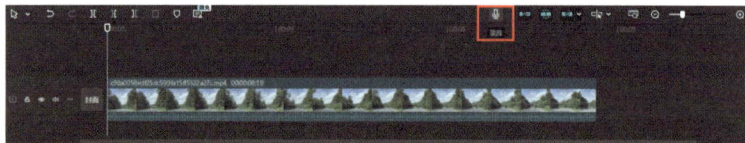

图5-95

图5-96

图5-97

5.4.2　音频处理

　　剪映专业版提供了直观的音频属性区，包括"基础""换音色""声音效果""变速"4 个内置的面板，创作者可以更加高效地对音频进行处理和调校。

01　基础操作。在时间轴中，选中添加的音频素材，右上角的属性区就变成音频属性区。在"基础"面板中，创作者可以拖动滑块调整音量，如图 5-98 所示。时间轴里的音频素材上有一条音频控制线，我们也可以直接上下拖动这条线控制音量，如图 5-99 所示。

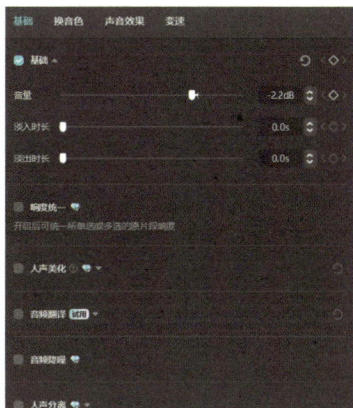

图5-98

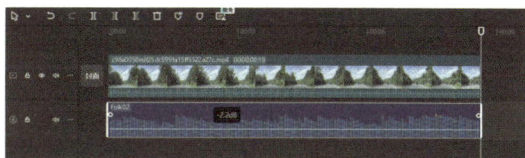

图5-99

　　音频的淡入淡出处理亦是如此。在"基础"面板中，可以拖动滑块调整淡入淡出效果，如图 5-100 所示。时间轴里的音频素材末尾有一个圆形滑块，我们也可以直接拖动这个滑块，添加淡出效果，如图 5-101 所示。

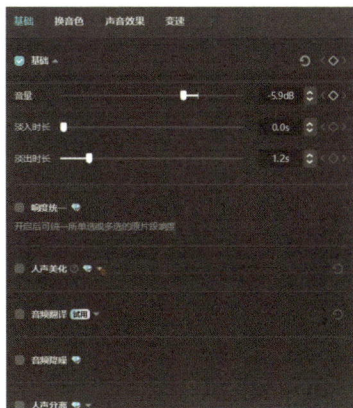

图5-100

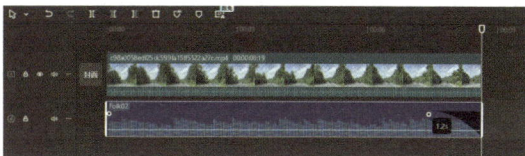

图5-101

02　换音色。音频的属性区里还折叠着"换音色"面板，在这里可以为已录制的旁白进行变声处理，如图 5-102 所示。

03　添加声音效果。通过音频属性区中的"声音效果"面板，可以为声音添加不同的环境效果，如图 5-103 所示。

图5-102

图5-103

5.4.3 音乐卡点

和剪映 App 类似，剪映专业版也提供了音乐卡点功能，同样分为手动踩点和自动踩点。在时间轴上添加了相应的视频和音乐后，选中该音乐，单击时间轴上方的"添加标记"按钮 🏳，如图 5-104 所示。在菜单中，选择踩节拍的方式，如图 5-105 所示。此时音乐的下方会自动生成一排标记点，如图 5-106 所示。

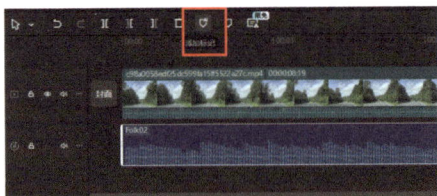

图5-104

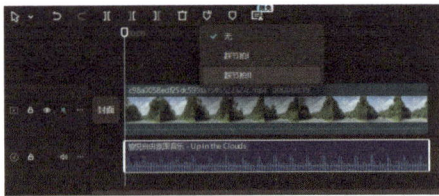

图5-105

也可以选择手动踩点。选中音乐素材，通过观察音乐波形图，将时间线移动至需要标记的位置，单击"添加标记"按钮 🏳，就可以在此处添加一个标记点，如图 5-107 所示。

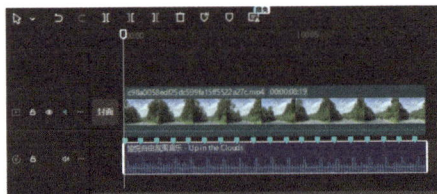

图5-106

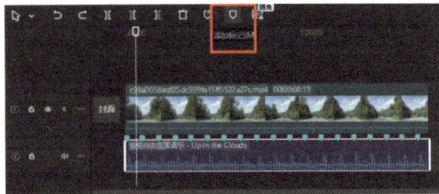

图5-107

5.5 AI音频重构：让声音成为第二镜头

剪映自带的音乐类 AI 工具非常强大，它们可以智能生成贴合场景的旋律、精准匹配动态音效，甚至复刻创作者声线。从旅行博主需要的 Vlog 背景音乐，到知识博主批量课程的标准化配音，这套工具显著提升了声音设计的效率，让创意表达更流畅。

5.5.1 AI音乐

在不选中任何素材的情况下，单击底部工具栏中的"音频"按钮🎵，如图 5-108 所示。在打开的音频二级工具栏中单击"AI 音乐"按钮，如图 5-109 所示。

图5-108

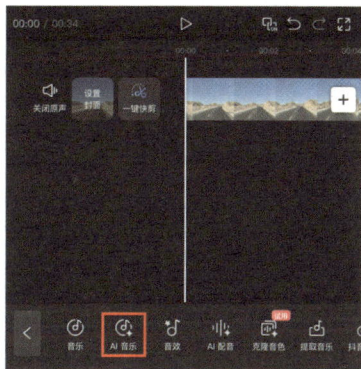

图5-109

在打开的"AI 音乐"面板中，默认的是灵感模式。首先选择我们想要生成的音乐类型，可以是人声歌曲或者是纯音乐。当选择了人声歌曲以后，我们可以编写描述词来生成音乐，如图 5-110 所示。如果没有好的想法，也可以选择下方的"根据视频自动写歌"，让剪映根据画面内容自动匹配合适的音乐，如图 5-111 所示。单击"开始生成"按钮以后，剪映会随机生成几条配乐，选择喜欢的歌曲后，单击右侧的"下载"按钮⬇即可，如图 5-112 所示。

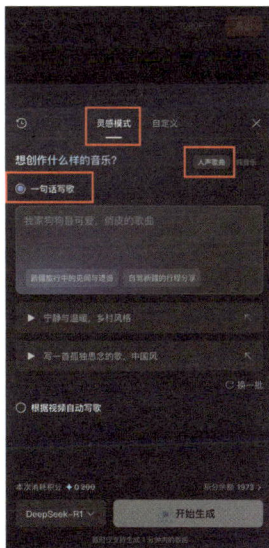

图5-110

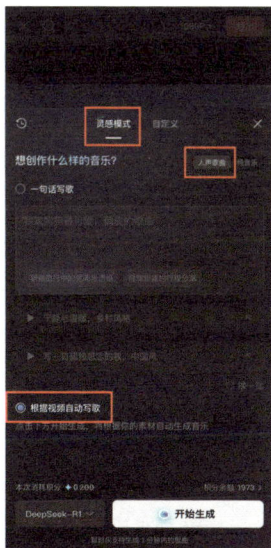

图5-111

图5-112

在灵感模式下，也可以选择生成纯音乐，同样需要用几行文字来描述想要生成的音乐，如图 5-113 所示。单击"开始生成"按钮以后，剪映会随机生成几条纯音乐，如图 5-114 所示。当剪映提供的音乐灵感方案无法满足我们的需求时，我们还可以自己设计描述词，生成想要的音乐，如图 5-115 所示。

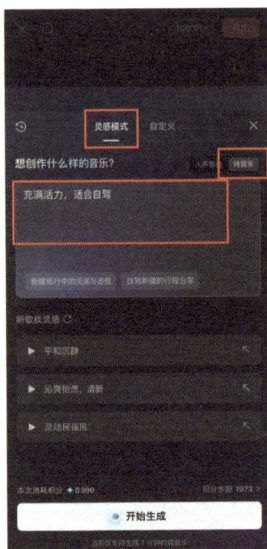
图5-113

图5-114

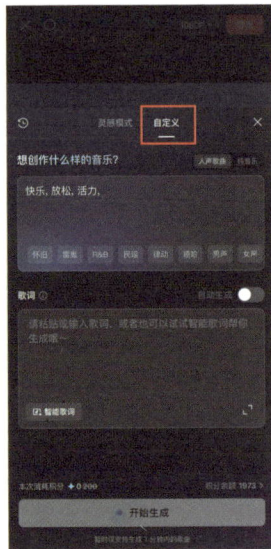
图5-115

5.5.2 AI音效

在不选中任何素材的情况下，单击底部工具栏中的"音频"按钮，如图 5-116 所示。在打开的音频二级工具栏中单击"音效"按钮，如图 5-117 所示，即可进入剪映音效库。

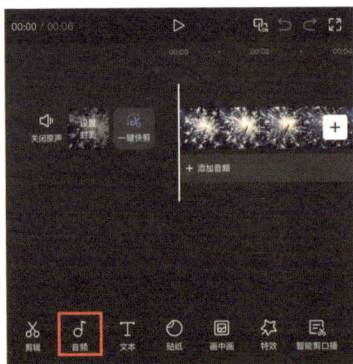
图5-116

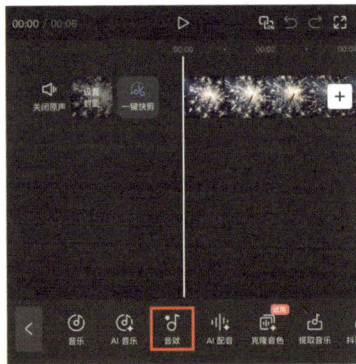
图5-117

在打开的音效库中，选择"AI 音效"类型，如图 5-118 所示。单击下方的"生成音效"按钮（见图 5-119），剪映将会智能识别视频画面，随后生成几条适配画面的音效。选择合适的音效，单击"下载"按钮，下载完成后，单击"使用"按钮加以应用即可，如图 5-120 所示。

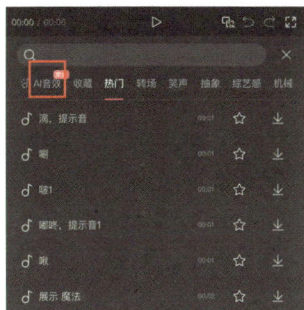
图5-118

图5-119

图5-120

5.5.3 实操案例：AI配音与音色克隆

剪映的 AI 配音通过输入文字自动生成多样化语音，大幅降低人工录音成本，适合快速制作教育视频、营销广告等标准化内容。而音色克隆则允许用户录制 5~10s 语音样本克隆自己的声线，生成高度相似的配音，解决了口播视频需要反复录音的问题。这两者共同提升了剪辑效率，让非专业用户也能高效产出高质量音频。

本节将利用 AI 配音工具为一段 Vlog 配音，同时利用音色克隆工具复制作者的声线，快速为视频批量添加旁白。具体的操作步骤如下。

01 打开剪映 App，在开始界面单击"开始创作"按钮 ⊞，导入一段书写的视频。

02 在不选中任何素材的情况下，单击底部工具栏中的"音频"按钮 ♪，如图 5-121 所示。在打开的音频二级工具栏中单击"AI 配音"按钮 ⑪，如图 5-122 所示。

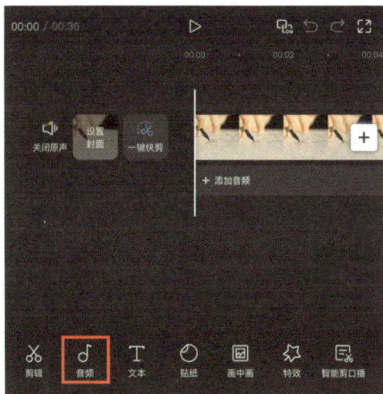
图5-121

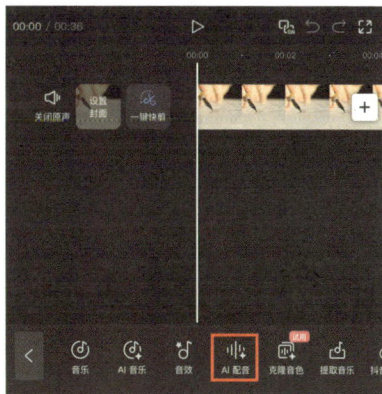
图5-122

03 在打开的"AI 配音"面板中，输入配音文稿。AI 配音可以将文本转化为自然流畅的旁白配音，如图 5-123 所示。它还支持多种语言和音色选择，如图 5-124 所示。

04 返回到主轨道，即可看到在主轨道下方生成了文稿的配音音频。如果觉得生成的配音不够自然，还可以克隆自己的声音进行配音。选择其中的一段音频，单击底部工具栏中的"修改音色"按钮 ㎎，如图 5-125 所示。

图5-123

图5-124

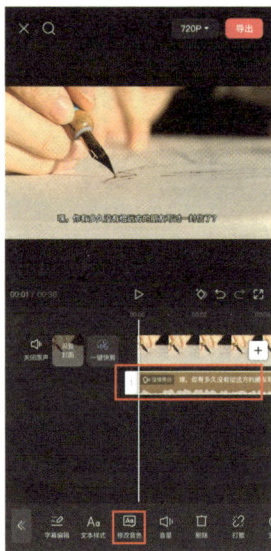

图5-125

05 在打开的"修改音色"面板中，选择"克隆音色"，并单击"开始克隆"按钮，如图 5-126 所示。有三种方式对声音进行克隆，本案例选择第一种"录制音频"，如图 5-127 所示。单击"录制"按钮，朗读提供的一段例句，剪映会记录我们的声音进行采样分析，如图 5-128 所示。

图5-126

图5-127

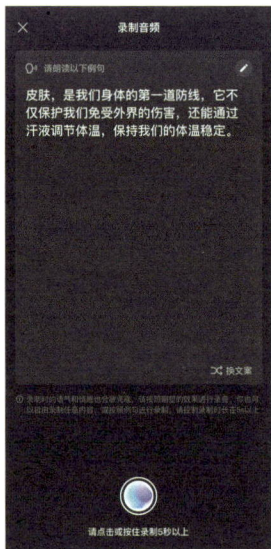

图5-128

06 对于生成的克隆音色，可以选择"保留口音版"或者"标准发音版"，还可以为这段音频重命名，以便日后查找，设置完成后，单击"保存音色"按钮，如图 5-129 所示。此时，会返回到"修改音色"面板，选择刚才录制好的克隆音色，单击✓按钮（见图 5-130），主轨道上的配音就被替换成本人的音色了，如图 5-131 所示。

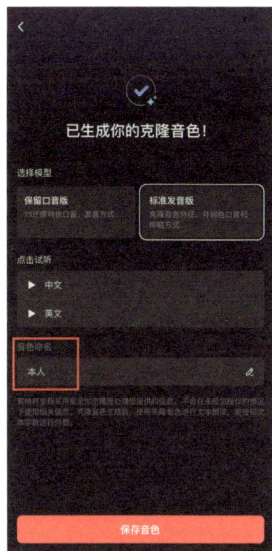

图5-129

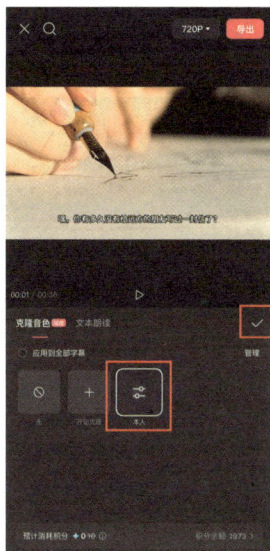

图5-130

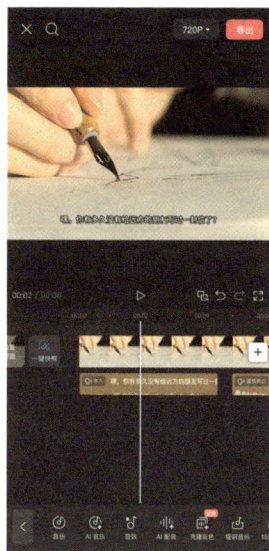

图5-131

5.6 知识拓展：声音的衔接手法

在视频剪辑中，往往需要添加多段不同风格或节奏的背景音乐。如果直接将它们硬拼在一起，就会出现节奏断裂与过渡生硬的问题，影响观众的听觉体验。我们可以运用一些小技巧，使不同音乐片段之间能平滑连接，维持情绪和节奏的连贯性。

1. 淡入淡出

通过音量淡入淡出的方法，将前后两段音乐重叠在一起；实现音乐的自然过渡，避免生硬切换。对于观众而言，这种做法能保证听觉上是连续的，不会有明显的停顿或跳跃感，如图 5-132 所示。

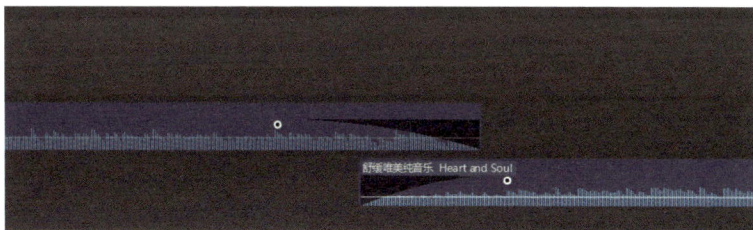

图5-132

2. 波峰波谷衔接

音乐有强弱的变化，这种变化体现在波形图上。我们可以放大音频波形，找到前一段音乐的波谷（音量最低点），将其与后一段音乐的波谷放在一起。这种在低谷处切换的方法，可以减少听觉断层，如图 5-133 所示。

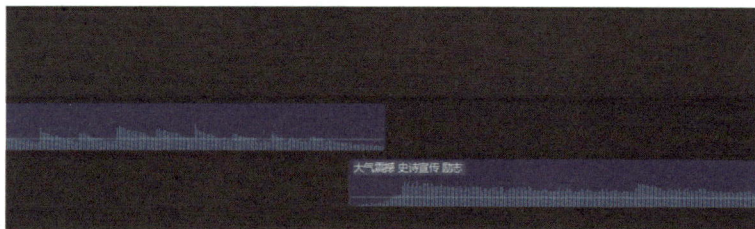

图5-133

3. 转场音效衔接

还可以在两段音乐接缝处添加各种转场音效，来覆盖音乐切换间隙，引导听觉注意力。这种方法适用于快节奏视频，比如 Vlog、旅拍，或者有剧情转折的地方，尤其适合掩盖不完美的音乐裁剪，如图 5-134 所示。

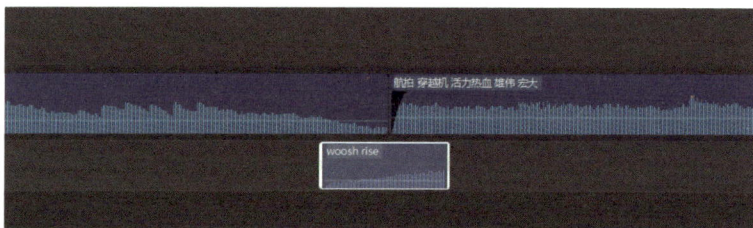

图5-134

第 **6** 章

字幕：用文字来
美化画面

字幕不仅是视频信息的补充，更是提升画面美感的关键工具。无论是想快速传递核心观点，还是强化情绪表达，字幕的灵活运用都能让作品更贴近观众。本章将从基础的字幕添加讲起，逐步深入解析字体美化技巧与AI智能优化方法，通过真实案例拆解，帮助创作者快速掌握核心功能。

6.1 添加字幕

剪映提供了手动输入、自动识别等多种字幕添加方案，创作者可以根据需求场景，挑选合适的方法，节省创作时间。

6.1.1 手动新建字幕

如果需要精准控制字幕的位置、时长，我们可以采用手动添加字幕的方法。在不选中任何素材的情况下，单击底部工具栏中的"文本"按钮 **T**，如图 6-1 所示。在打开的文本二级工具栏中单击"新建文本"按钮 **A+**，如图 6-2 所示。

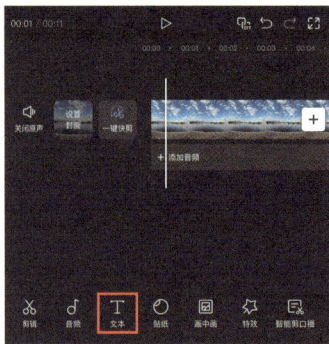

图6-1

图6-2

此时创作者可以在下方弹出的键盘中输入需要的文字，如图 6-3 所示。操作完成后，时间轴中便新增了一条文字素材，该文字也显示在预览窗口中，如图 6-4 所示。

图6-3

图6-4

6.1.2 识别字幕

剪映能够自动将视频中的语音转为文字，轻松地完成字幕添加工作，大大提升了创作效率，尤其适合口播视频或访谈剪辑。在不选中任何素材的情况下，单击底部工具栏中的"文本"按钮 T，如图 6-5 所示。在打开的文本二级工具栏中单击"识别字幕"按钮 A，如图 6-6 所示。

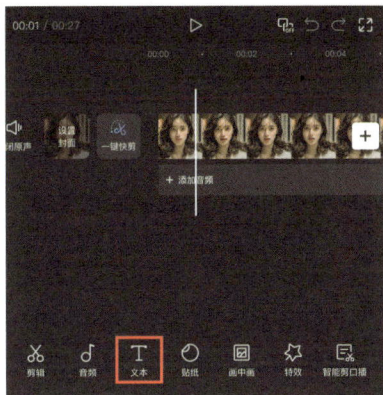

图6-5

图6-6

在打开的"识别字幕"面板中，可以选择适合的字幕模板，也可以打开下方"智能划重点"和"智能去水词"开关，剪映会自动精简优化字幕。单击底部的"开始识别"按钮，系统将自动生成字幕，如图 6-7 所示。

识别完成后，将会弹出"智能去水词"面板。剪映会标记出"嗯""啊"等口头词，单击"删除 7 个片段"可一键清理，如图 6-8 所示。创作者可以选择仅删除多余的字幕，也可以连带删除对应画面，如图 6-9 所示。

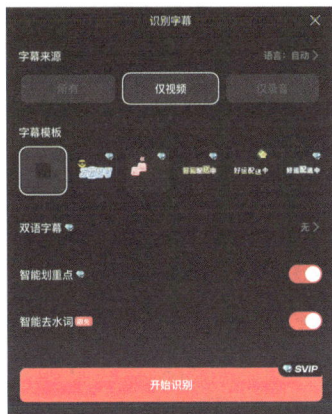

图6-7

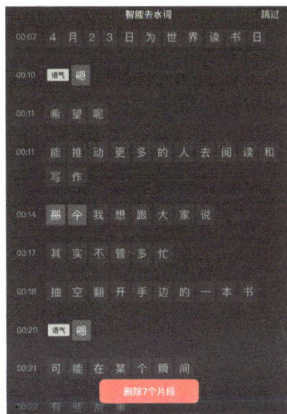

图6-8

图6-9

此时时间线上生成了新的字幕，单击底部工具栏中的"划重点"和"去水词"按钮，可以随时返回修改识别出的字幕，如图 6-10 所示。在"划重点"面板中，可以看到剪映自动识别出字幕里的关键词,并在画面中高亮显示,我们也可以对关键词进行手动调整,如图 6-11 所示。

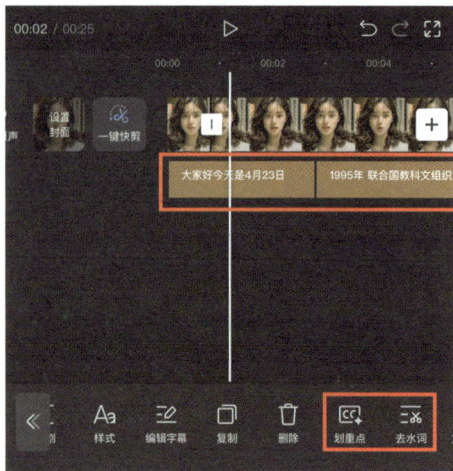

图6-10

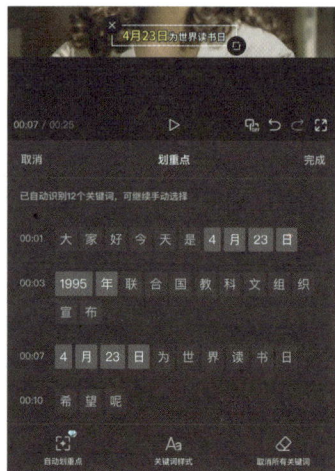

图6-11

6.1.3 识别歌词

"识别歌词"的功能与"识别字幕"类似,它针对歌曲类视频,可以轻松添加 MV 或音乐类视频的字幕。在不选中任何素材的情况下,单击底部工具栏中的"文本"按钮 T,如图 6-12 所示。在打开的文本二级工具栏中单击"识别歌词"按钮 ,如图 6-13 所示。

图6-12

图6-13

在打开的"识别歌词"面板中,可以选择适合的字幕模板,单击底部的"开始匹配"按钮,如图 6-14 所示。剪映自动识别完成后,将在时间线中生成多段文字素材,如图 6-15 所示。

图6-14

图6-15

6.2　美化字幕

添加完字幕以后，我们可以对文字的字体、样式等进行美化设计，好看有趣、富有表现力的字幕更能吸引观众的眼球。

6.2.1　字体、样式与花字

在创建字幕时，我们可以直接调整字体、样式等内容。如果已经创建了字幕，还想对字幕进行设置，则可以参考下面的方法。

通常时间轴中只显示主轨道，文字素材被隐藏。在不选中任何素材的情况下，单击底部工具栏中的"文本"按钮 T（见图 6-16），文本素材就会出现，同时进入文本二级工具栏。单击工具栏中的"样式"按钮 Aa（见图 6-17），即可打开字幕样式面板。

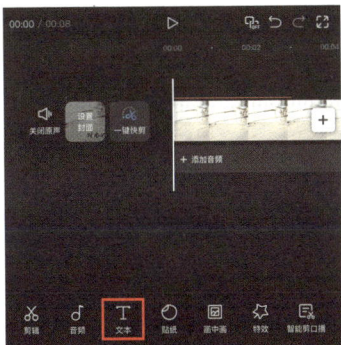
图6-16

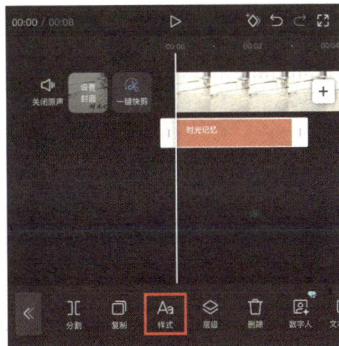
图6-17

在打开的字幕样式面板中，可以对文字的字体、样式、颜色、字号、透明度等属性进行设置，如图 6-18 和图 6-19 所示。花字是带有装饰效果的字体样式。剪映为创作者提供了许多不同样式的花字，我们可以一键制作出媲美综艺节目的有趣字体，如图 6-20 所示。

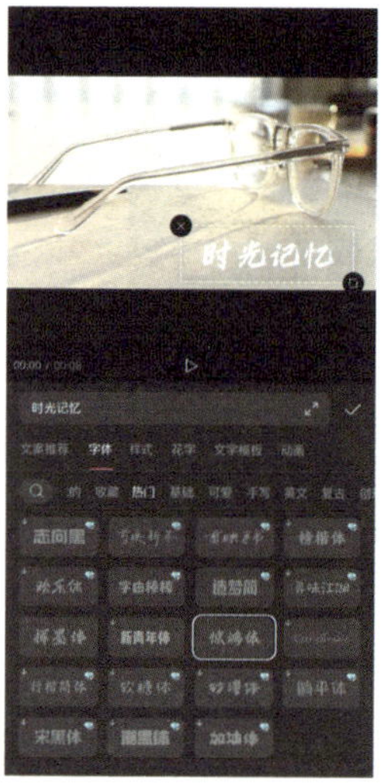

图6-18 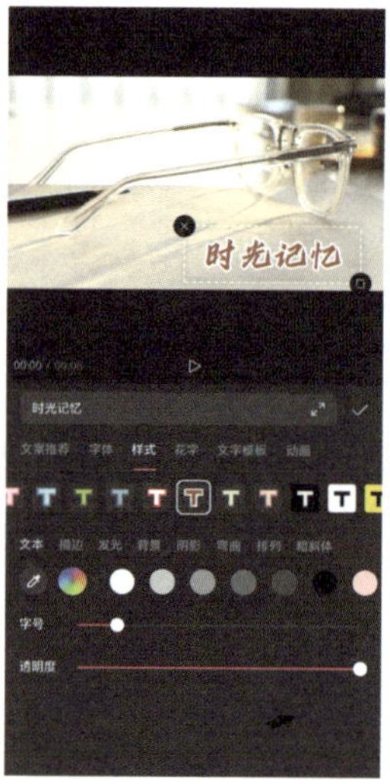　　　　　　　　　　图6-19 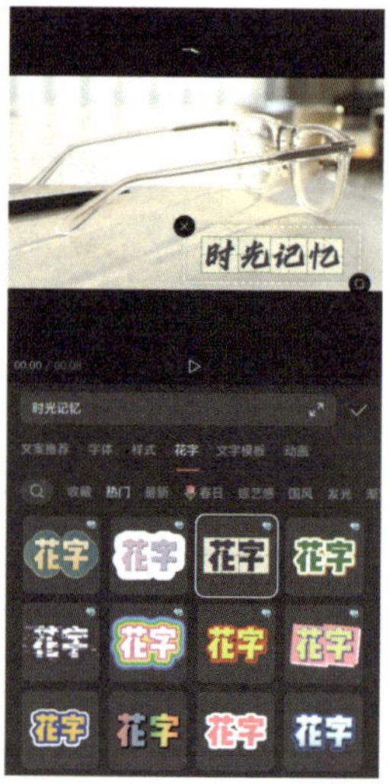　　　　　　　　　　图6-20

6.2.2　文字模板

花字改变的是单个文字的样式，文字模板则是文字整体的布局和结构，包含多个元素组合，如标题、副标题、图标、文字动画等，能形成更加丰富的视觉效果。

在不选中任何素材的情况下，单击底部工具栏中的"文本"按钮 T，如图 6-21 所示。在打开的文本二级工具栏中单击"文字模板"按钮 回，如图 6-22 所示。随后进入字幕样式面板的"文字模板"分类，创作者可以根据画面本身的内容和构图，挑选合适的文字模板，如图 6-23 所示。

图6-21 　　　　　　　　　　图6-22 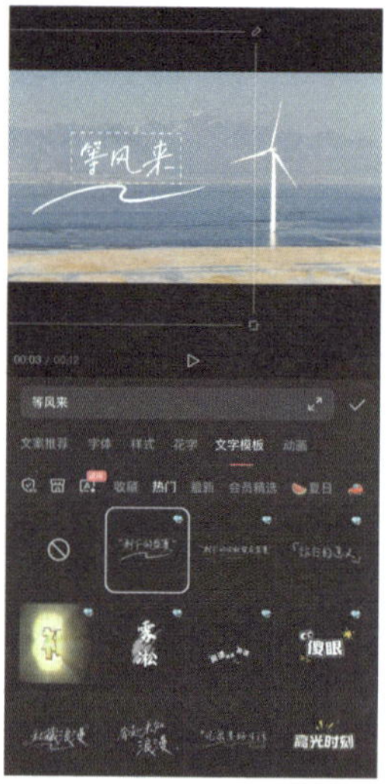　　　　　　　　　　图6-23

6.2.3　添加贴纸与涂鸦

剪映还提供了贴纸和涂鸦功能，来打破字幕的单调感。我们可以用表情包等动态贴纸让画面变得更有趣，还可以通过涂鸦笔随手圈画重点，轻松引导观众视线。这些元素都比较适合教程类视频或趣味解说。

在不选中任何素材的情况下，单击底部工具栏中的"文本"按钮 T，如图 6-24 所示。在打开的文本二级工具栏中单击"添加贴纸"按钮，如图 6-25 所示。

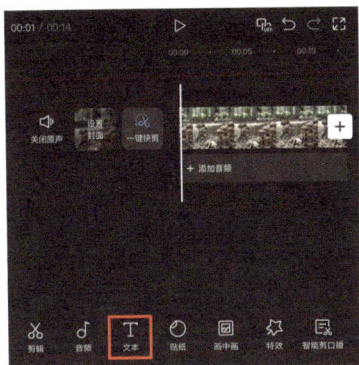

图6-24

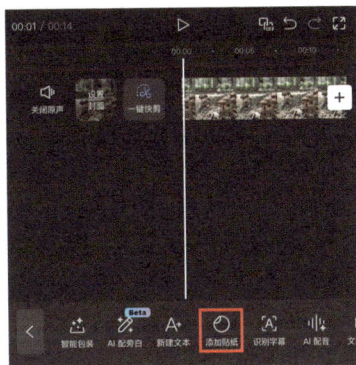

图6-25

在打开的"贴纸"面板中，选择喜欢的贴纸。还可以在预览区中通过双指的张合和移动，调整贴纸的大小、角度，将其摆放到合适的位置，如图 6-26 所示。操作完成后，时间线上便新增了一条贴纸素材，同一个画面中可以添加多条贴纸，如图 6-27 所示。

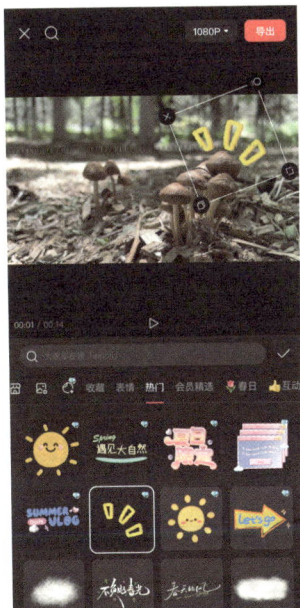

图6-26

图6-27

涂鸦的添加方式与之类似。在不选中任何素材的情况下，单击底部工具栏中的"文本"按钮**T**，在打开的文本二级工具栏中单击"涂鸦笔"按钮，如图6-28所示。

在打开的"涂鸦笔"面板中，可以对涂鸦笔的样式、颜色、大小、不透明度等属性进行设置。设置好以后就可以在预览区随意涂画了，如图6-29所示。操作完成后，时间线上便新增了一条涂鸦素材，如图6-30所示。

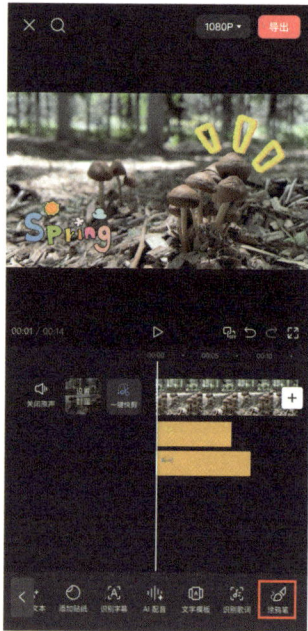

图6-28

图6-29

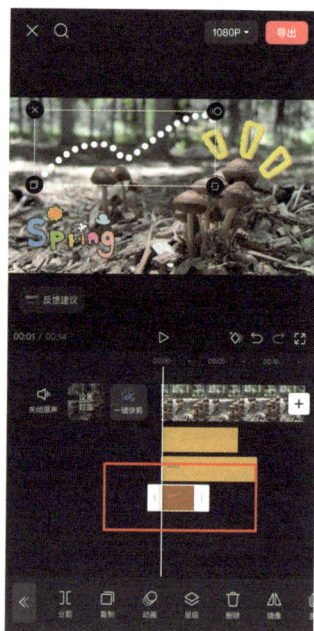

图6-30

6.2.4　动画效果

完成基本的文字创建以后，我们可以为字幕添加动画效果，让静止的文字动起来。按照之前的方法，打开一段文字的字幕样式面板，选择里面的"动画"选项，可以看到有"入场""出场"和"循环"3个动画分类，如图6-31所示。

（1）"入场"动画用来控制字幕在画面中出现。单击某种入场效果后，可以拖动下方左端的蓝色速度条控制入场动画时长，完成调整后单击右上角的✓按钮保存，如图6-31所示。

（2）"出场"动画用来控制字幕从画面中消失。操作方法与入场动画类似。不同的是，拖动下方右端的红色速度条控制出场动画时长，如图6-32所示。

（3）"循环"动画是让字幕持续运动，保持动态效果，如图6-33所示。入场动画和出场动画只能分别添加在字幕的开端和结尾，无法重复。而循环动画是添加在整段字幕上，可以让素材产生循环的动画效果。

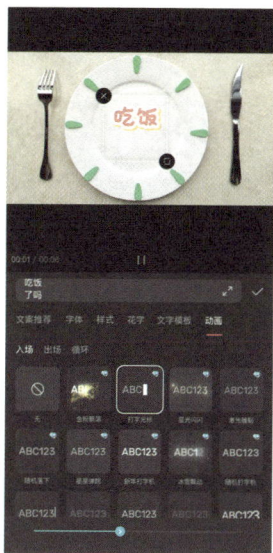
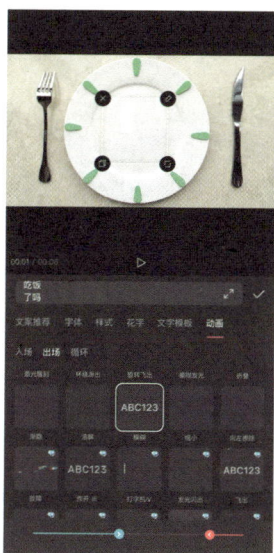

图6-31　　　　　　　　　　图6-32　　　　　　　　　　图6-33

6.2.5　跟踪效果

剪映的跟踪功能可以让文字或者贴纸始终跟随画面中运动的物体移动。添加方法：选中某段贴纸素材，单击底部工具栏中的"跟踪"按钮◎（见图6-34），即可打开"跟踪"面板，同时预览区中出现一个黄色圆圈，如图6-35所示。调整黄色圆圈的大小，并将其移动到跟踪物体上，然后单击"开始跟踪"按钮，如图6-36所示。

图6-34　　　　　　　　　　图6-35　　　　　　　　　　图6-36

添加跟踪功能后，就可以看到贴纸跟随小动物一起移动的效果了，如图6-37至图6-39所示。

图6-37　　　　　　　　　　图6-38　　　　　　　　　　图6-39

6.2.6　实操案例：打造综艺感字幕

在实际场景中，给视频配综艺感字幕很有必要且作用显著。例如，在短视频平台的宠物搞笑视频里，趣味性的综艺感字幕能将宠物的普通动作变得极具娱乐性，同时突出宠物行为的关键瞬间，辅助传达视频中的情感，营造轻松欢乐氛围，还能让不同语言文化背景用户理解其中笑点，提升视频吸引力、传播效果和观众共鸣。在短视频中，呆板的字幕常常难以抓住观众的眼球，削弱了信息传达效率，也降低了娱乐效果。为此，本案例通过添加动态花字、趣味贴纸，并结合精准的抠像与文本跟踪技术，打造出吸睛又富有综艺感的动态字幕效果。具体的操作步骤如下。

01 打开剪映App，在开始界面单击"开始创作"按钮[+]，导入一张照片素材。

02 选中该照片，单击底部工具栏中的"抠像"按钮，如图6-40所示。在打开的抠像二级工具栏中单击"智能抠像"按钮，如图6-41所示。

03 系统将自动分析画面，抠取出人物。等抠像完成后，单击"抠像描边"按钮，如图6-42所示。

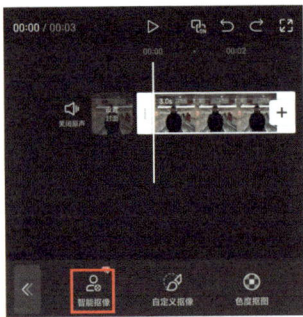

图6-40　　　　　　　　　　图6-41　　　　　　　　　　图6-42

04 在打开的"抠像描边"面板中，选择"三层描边"效果，为人物添加一个轮廓效果，如图6-43所示。还可以将描边更换成自己喜欢的颜色，如图6-44所示。

05 在不选任何素材的情况下，单击底部工具栏中的"背景"按钮，如图6-45所示。在打开的背景二级工具栏中单击"画布样式"按钮，如图6-46所示。在打开的"画布样式"面板中单击"自主添加"按钮（见图6-47），选取手册相册中保存好的网格背景图片，照片的背景便换成了网格图。

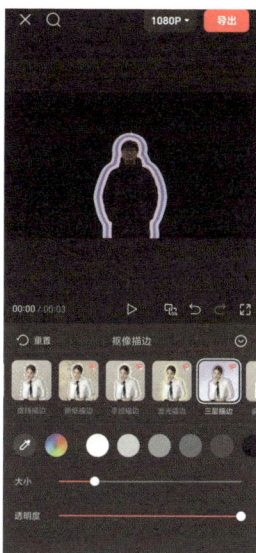

图6-43

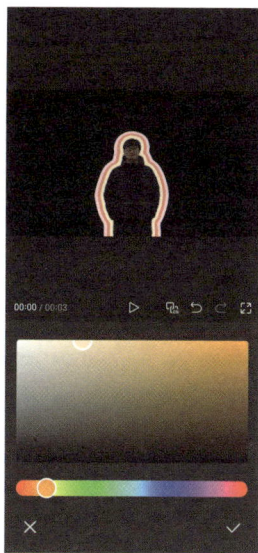

图6-44

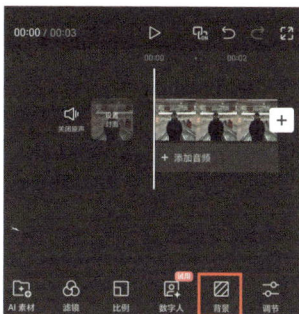

图6-45

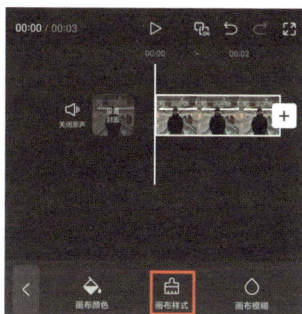

图6-46

图6-47

06 在不选中任何素材的情况下，单击底部工具栏中的"文本"按钮**T**，如图 6-48 所示。在打开的文本二级工具栏中单击"新建文本"按钮**A+**，如图 6-49 所示。输入文字"带你环游天津"，并单击底部工具栏中的"编辑"按钮**Aa**，如图 6-50 所示。

图6-48

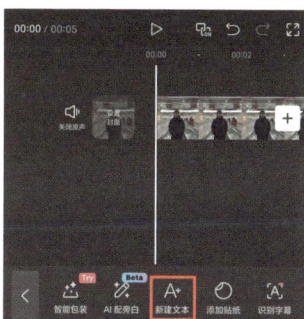

图6-49

图6-50

07 在打开的字幕面板中，选择一个好看的花字，如图6-51所示。还可以进入样式中，拖动"弯曲"选项的滑块，为字幕添加弯曲效果，如图6-52所示。

图6-51

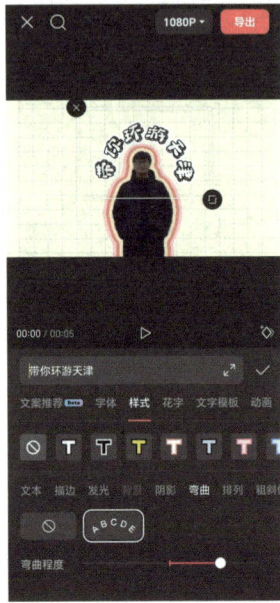

图6-52

08 在字幕面板中，选择"动画"选项。选择添加"入场"字幕动画中的"向上弹入"效果，如图6-53所示。选择添加"循环"字幕动画中的"逐字放大"效果，如图6-54所示。这样就为该字幕添加了动画，如图6-55所示。

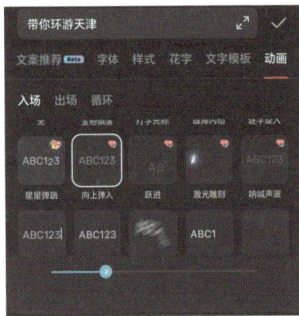

图6-53

图6-54

图6-55

09 重复上面的操作添加多个字幕，设置不同的样式、动画，摆放到不同的位置，如图6-56所示。

10 为视频添加贴纸。在不选中任何素材的情况下，单击底部工具栏中的"文本"按钮，在打开的文本二级工具栏中单击"添加贴纸"按钮。在打开的"贴纸"面板中，找到自己喜欢的贴纸，将贴纸拖拽到合适的位置，如图6-57所示。可以重复添加多个贴纸，如图6-58所示。

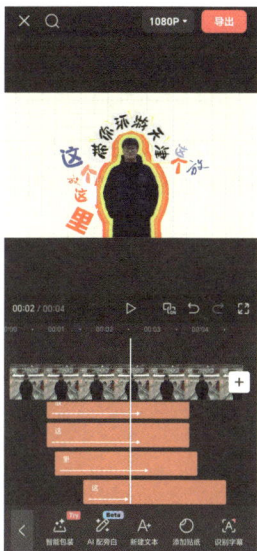
图6-56

图6-57

图6-58

11 为人物添加一个入场的特效，让视频效果更丰富。在不选中任何素材的情况下，单击底部工具栏中的"特效"按钮，如图 6-59 所示。在打开的特效二级工具栏中单击"画面特效"按钮，如图 6-60 所示。在打开的"画面特效"面板中，搜索"牛皮纸打开"效果并添加，如图 6-61 所示。

图6-59

图6-60

图6-61

12 最终效果如图 6-62 至图 6-64 所示。

图6-62

图6-63

图6-64

6.3 用剪映专业版添加字幕贴纸

剪映专业版和剪映 App 在添加字幕的核心功能上基本一致。剪映 App 依赖触屏操作，更适合短句字幕的逐条调整，而剪映专业版支持批量编辑字幕和快捷键操作，大幅提升了长视频字幕的处理效率。

6.3.1 添加文本

进入剪映专业版的操作界面后，单击工具栏中的"文本"按钮，下方的素材区会随之切换到文本导入的界面。此界面的左侧有"新建文本""我的""智能包装""花字库""文字模板""智能文本"6 个选项卡，对应着不同的添加文本方式。

1. 新建文本

单击工具栏中的"文本"按钮，将素材区左侧的选项卡切换至"新建文本"，单击"默认文本"右下角的按钮，时间轴上就会新增一条文字素材，该文字也显示在预览区中，如图 6-65 所示。

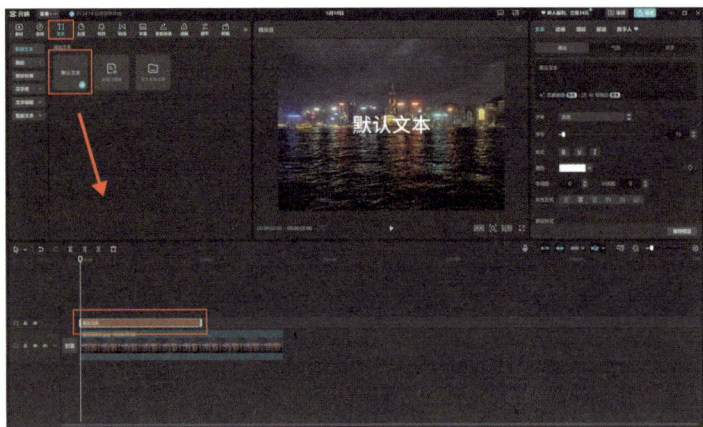

图6-65

2. 文字模板

除了手动新增文本，还可以直接套用剪映专业版提供的文字模板。将素材区左侧的选项卡切换至"文字模板"，即可打开模板库，选择合适的文字模板进行添加，如图 6-66 所示。花字库、智能包装的添加方法与之类似，此处不再赘述。

3. 智能文本

剪映专业版新增了一个剪映 App 中没有的功能——文稿匹配。在文本导入界面中，选择"智能文本"→"文稿匹配"（见图 6-67），输入预先准备好的文稿后，相应的内容会被精准匹配到音频的时间轴上，自动生成字幕，实现字幕与语音的同步。

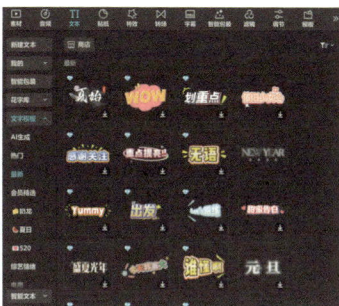

图6-66

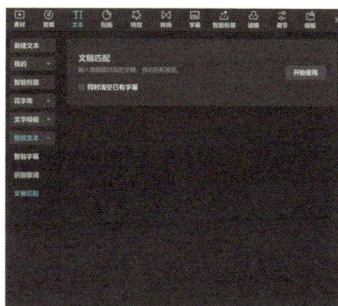

图6-67

6.3.2 编辑文本

剪映专业版也提供了直观的文本属性区，包括"基础""气泡""花字"3 个内置的面板，创作者可以在此对文字的基础属性进行调整，或者添加有趣的气泡和花字效果。

1. 基础操作

选中添加的文本，右上角的属性区就会变成文本属性区。在"基础"面板中，创作者可以输入文字的内容，调整字体、字号、颜色等基础属性，如图 6-68 所示；还可以通过修改数值，对位置、大小、旋转等属性进行调整；也可以直接用鼠标拖动预览区中的文字，实现文字的快速调整，如图 6-69 所示。

图6-68

图6-69

2. 气泡与花字

文本属性区里还折叠着"气泡"面板和"花字"面板，可供用户挑选好看的气泡和花字效果，并将选中的效果添加到文字上，如图 6-70 和图 6-71 所示。

图6-70

图6-71

6.3.3 文本跟踪与动画

属性区中除了文本属性区用以调整文字的效果，还嵌套折叠有跟踪属性区和动画属性区，提供文本跟踪功能和动画功能。

1. 文本跟踪

选中时间轴上的文本素材后，单击跟踪属性区中的"运动跟踪"选项，将预览区中出现的跟踪框移动到跟踪物体上，然后在跟踪属性区中调节参数，单击"开始跟踪"按钮，即可实现文本跟踪效果，如图 6-72 所示。

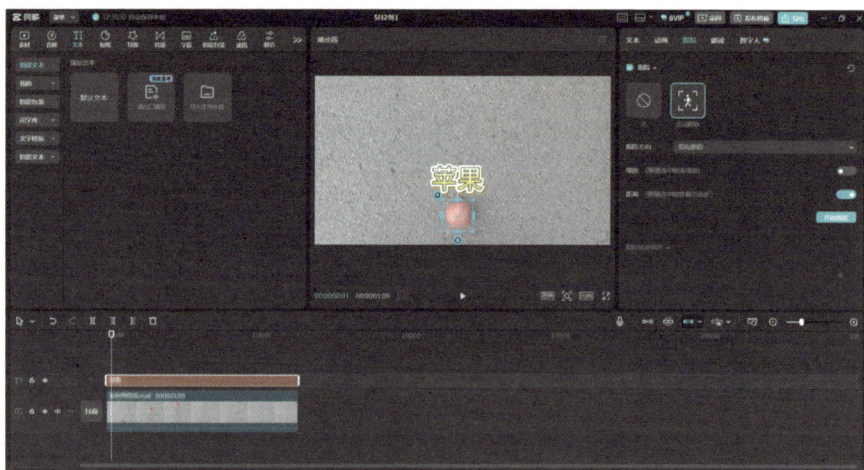

图6-72

2. 动画

在剪映专业版中，同样可以为文本素材添加动画效果。选中时间轴上的文本素材后，在动画属性区选择一种合适的动画，即可为文本添加动画效果，如图 6-73 和图 6-74 所示。

图6-73

图6-74

6.3.4　添加贴纸

进入剪映专业版的操作界面后，单击工具栏中的"贴纸"按钮，下方的素材区会随之切换到添加贴纸的界面。选中喜欢的贴纸后，直接将其拖拽到时间轴上，时间轴上就会新增一条贴纸素材，同时预览区中也会出现相应的贴纸，如图 6-75 所示。

图6-75

6.4　AI字幕优化：解放双手的智能方案

剪映的 AI 工具正在悄悄改变我们的创作习惯——它能自动识别视频中的废话，也能根据你说的话，自动生成贴纸和字幕样式。这些"聪明"的功能可以帮助赶工的短视频创作者和追求精致感的知识博主，省下重复操作的精力，把时间留给更重要的创意打磨。

6.4.1 AI贴纸生成

在不选中任何素材的情况下，单击底部工具栏中的"贴纸"按钮⬤，如图 6-76 所示。在打开的"贴纸"面板中，单击"AI 贴纸"按钮⬤，如图 6-77 所示。随即打开的"AI 贴纸"面板中，默认的是"灵感"界面，提供了很多现成的贴纸，如图 6-78 所示。创作者没有好的想法时，可以通过滑动来预览贴纸缩略图。如果对某个展示的贴纸有兴趣，那么选中该贴纸，单击下方的"做同款"按钮，即可生成相近的贴纸。

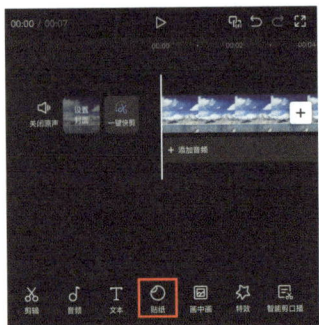

图6-76   图6-77   图6-78

我们也可以自己设计描述词，生成想要的贴纸。在打开的"AI 贴纸"面板中，切换到"创作"界面。首先输入描述词，然后单击左下角的"参数"按钮▦，如图 6-79 所示。在打开的"参数调整"面板中，选择适合的模型，然后调整精细度数值，如图 6-80 所示。

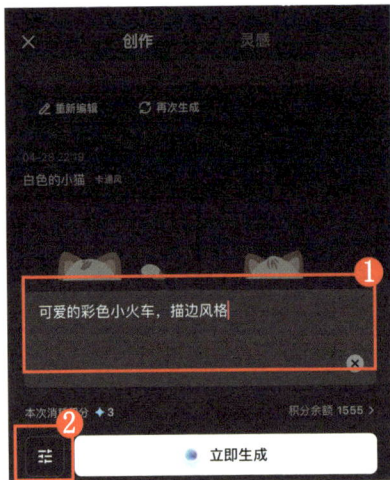

图6-79   图6-80

参数调整完成后，单击右上角的✓按钮，返回"创作"界面。单击"立即生成"按钮，系统会根据描述词生成多种备选贴纸。为了方便以后使用，可以选择喜欢的贴纸，单击下方的"收藏"按钮☆将其收藏，如图 6-81 所示。收藏成功后，单击下方的"使用"按钮✓（见图 6-82），贴纸就添加到了画面中，如图 6-83 所示。

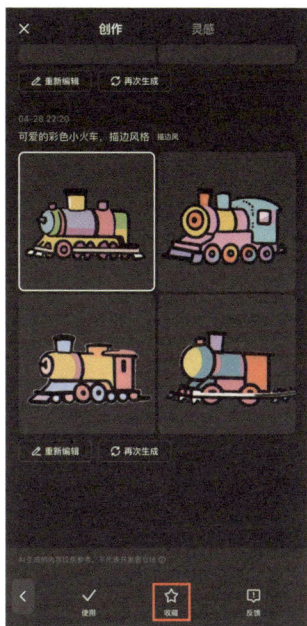
图6-81

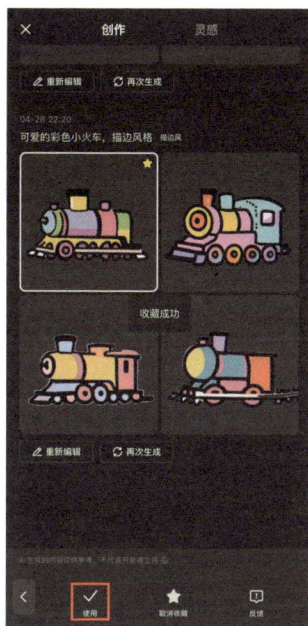
图6-82

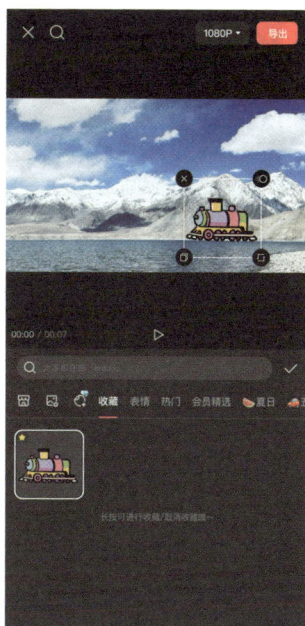
图6-83

6.4.2 实操案例：智能剪口播

近年来，口播视频以直接传递信息的方式满足了人们快节奏生活的需求，已成为短视频领域中一个活跃且重要的内容类型。大量创作者参与制作，视频播放量和互动数据表现突出。口播视频的制作成本较低，参与门槛不高，但也存在一些问题，如内容冗长、信息传递不够紧凑等，影响了观众的观看体验。

对口播视频进行剪辑，可以进一步提升视频的质量和观众的观看体验。通过剪辑，可以去除冗余内容，使信息传递更加紧凑高效；同时增强视频的吸引力和感染力，从而更好地吸引和留住观众。

本节将深入探索剪映中的智能剪口播功能，以帮助读者轻松实现口播视频的快速剪辑，同时自动同步生成精准的字幕，提升视频制作的效率和质量。具体的操作步骤如下。

01 打开剪映 App，在开始界面单击"开始创作"按钮 ⊞，导入一段连续的口播素材。

02 在不选中任何素材的情况下，单击底部工具栏中的"智能剪口播"按钮 ▣，如图 6-84 所示。此时剪映会自动分析视频中所说的内容，以便去除口播中的"嗯""啊"等卡顿、冗余的杂音，如图 6-85 所示。

03 分析完成后，视频中的口播素材就被识别成文字，并且标注出了各种语气水词，单击下方的"删除 XX 个无效片段"按钮（见图 6-86），完成对冗余杂音的去除，效果如图 6-87 所示。此时如果发现还有需要修改的地方，可以单击下方的"编辑"按钮 ✐，对文字进行编辑，如图 6-88 所示。

图6-84

图6-85

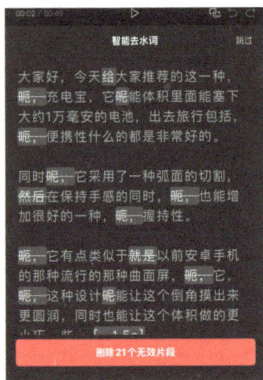

图6-86

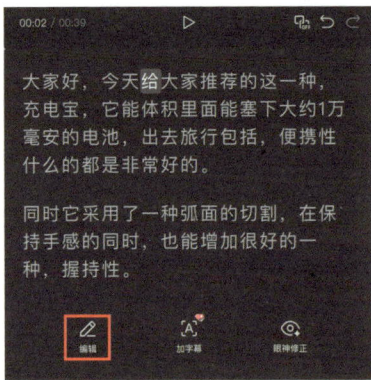

图6-87

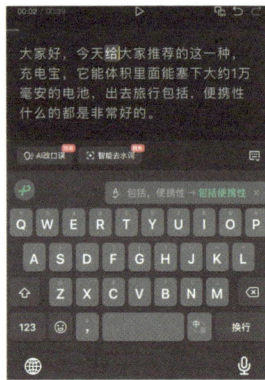

图6-88

04 如果无须修改识别结果，可以直接单击下方的"加字幕"按钮，如图6-89所示。在打开的"编辑字幕"面板中，可以检查口播视频中的断句是否正确，以及是否有错别字等问题，如图6-90所示。如有问题，直接单击对应行段的字幕进行修改。完成后，单击右上方的按钮进行保存，如图6-91所示。

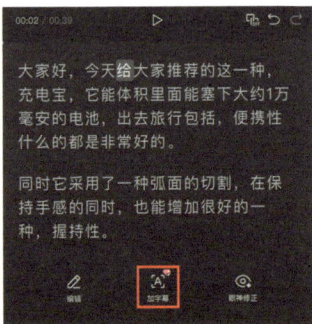

图6-89

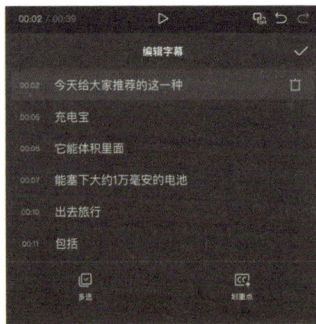

图6-90

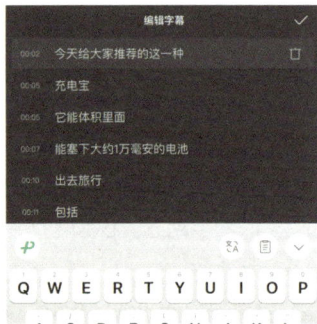

图6-91

05 在保存之前，还可以对所说的内容划出重点。同样是在"编辑字幕"面板中，单击下方的"划重点"按钮，如图6-92所示。进入"划重点"界面后，通过滑动手指选出想要的关键词，关键词字幕会自动放大变色，或者直接单击左下角的"自动划重点"按钮，如图6-93所示。系统将自动识别出关键词，如图 6-94 所示。完成编辑后，单击右上方的"完成"按钮保存。

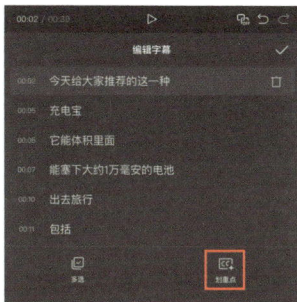
图6-92

图6-93

图6-94

06 此时，口播视频字幕的添加和编辑就完成了。单击左上方的"退出"按钮 ✕ （见图 6-95），将退出智能剪口播界面，回到时间轴主轨道。可以看到系统自动完成了对视频的剪辑，去掉了水词的片段，按照说话的节奏自动添加了字幕，并高亮显示了关键词，如图 6-96 所示。

图6-95

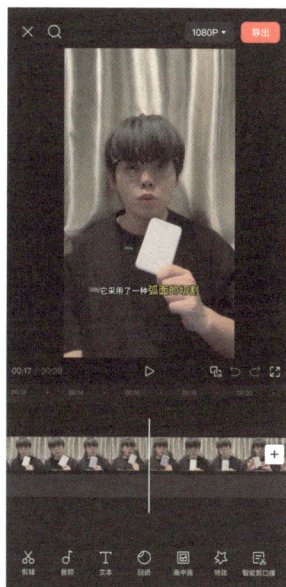
图6-96

6.5 知识拓展：对话正反拍

　　在短视频创作中，双人对话场景极为常见。如何拍摄才能让对话画面生动不枯燥，精准传递人物之间的交流与情感张力呢？正反拍镜头（也称为正反打镜头）是导演们最常用的核心技巧之一。它通过交替拍摄对话双方的反应、表情及细微动作，生动地展现人物之间的交流互动。

　　正反拍镜头一般通过三角形机位布局来拍摄完成。拍摄两人对话场景时，在关系轴线同一侧设置三个基本拍摄点（顶点一个机位、底边两个机位），构成一个底边与轴线平行的三角形。具体的拍摄方法如下。

1. 外反拍

外反拍是摄像机处于关系轴线的同一侧，三角形底边的两台摄像机向里对着主体进行拍摄，如图 6-97 所示。前景人物背对镜头，后景人物是画面主体。越过前景人物的肩膀，拍摄后景人物的正面，这就是经典的过肩镜头。这种构图既能清晰呈现后景人物的表情，又能通过前景人物的肩膀、背影暗示双方的空间关系和互动对象，画面立体感强，是一种"客观性"的拍摄角度。

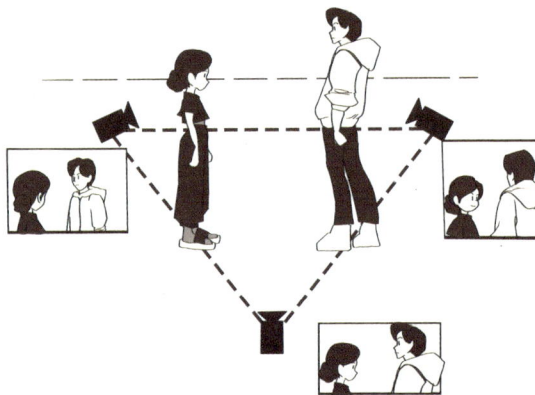

图6-97

2. 内反拍

内反拍是将三角形底边的两台摄像机放在两个人物之间，对人物分别进行拍摄，这两台摄像机拍摄的画面中都只出现一个人物，如图 6-98 所示。内反拍善于捕捉人物细腻的微表情和反应，常常用于强调人物的情绪转折或关键台词。人物分别被突出，这是一个"主观性"的拍摄角度，是外反拍的有力补充。

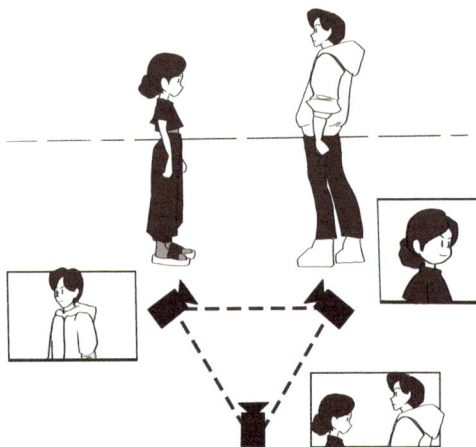

图6-98

3. 骑轴镜头

骑轴镜头是指将两台摄像机放在轴线上背对背，正面拍摄各自主体，如图 6-99 所示。这时摄像机模拟的是对方的视线，拍摄人物的正面镜头，属于主观镜头。这种手法所拍得的画面主体没有明显的方向感，所以又被称为中性镜头、中性角度，常常用来衔接正反拍镜头、缓和越轴跳跃感，同时增强观众代入感。

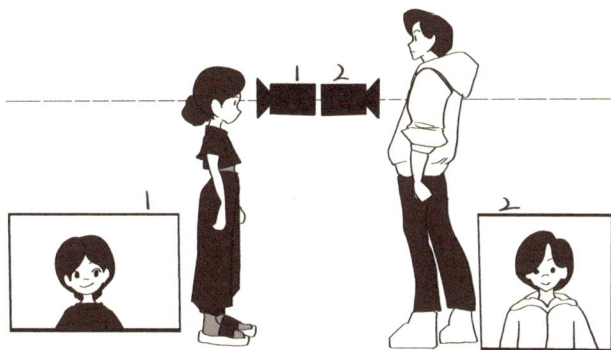

图6-99

第 7 章

调色：废片秒变
氛围感大片

你是否遇到过这样的场景：精心拍摄的旅行Vlog因阴天显得灰蒙蒙？室内美食特写因光线不足丢失细节？调色就像一场视觉魔术，它能让灰暗的素材重获新生，让普通画面承载情感。

从基础参数校准到风格化创作，本章将带你掌握剪映调色逻辑，让普通素材焕发高级质感。

7.1 基础参数的调节

亮度、对比度、饱和度等是调色的基础参数。本节通过基础操作和实操演示，教你快速解决画面发灰、色彩寡淡的问题。重点掌握"压高光、提阴影"的经典手法，让海景、室内等光线不足的素材变得通透干净。

7.1.1 设置基础调节参数

通过剪映的"调节"面板，创作者可以对画面的基础参数进行调节。选中需要调节的视频素材，单击底部工具栏中的"调节"按钮 ☰（见图 7-1），即可打开"调节"面板（见图 7-2）。

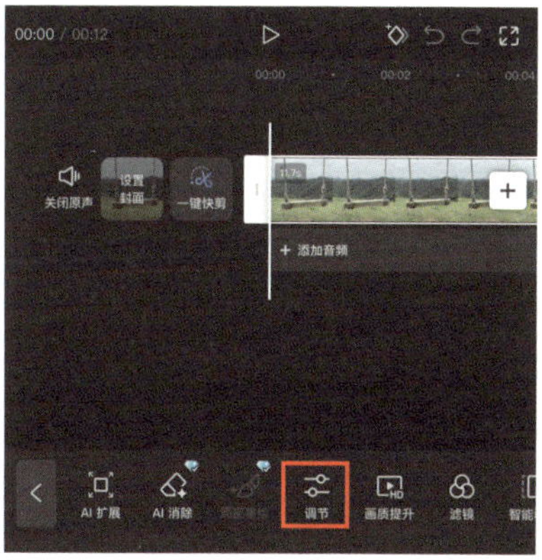

图7-1

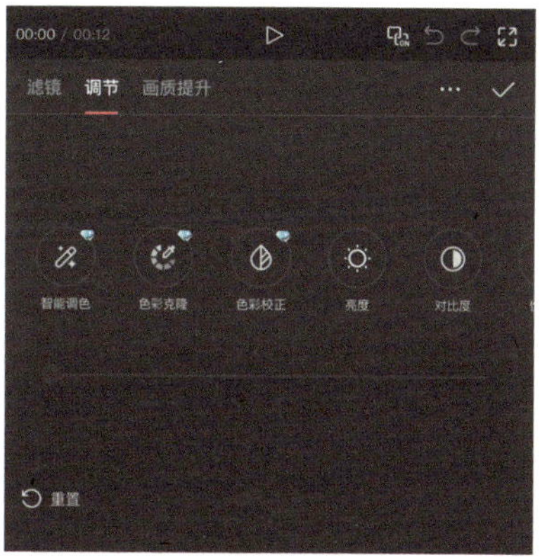

图7-2

向左滑动"调节"面板，可以看到完整的调节功能按钮，如图 7-3 所示。创作者可以利用这些功能对画面的色彩、光影、清晰度等进行调节。常用功能的介绍如下。

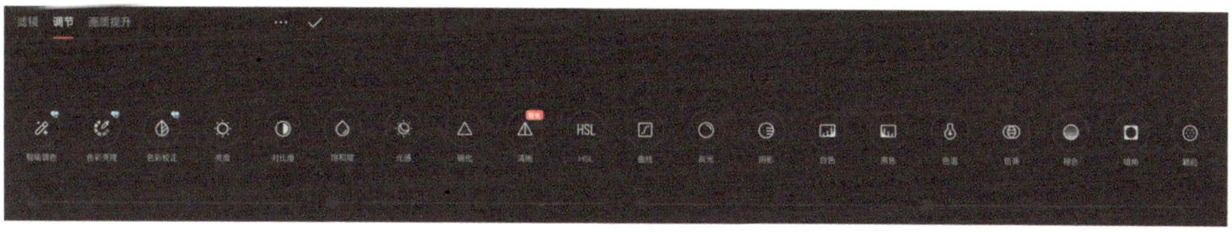

图7-3

1. 亮度

"亮度"功能用于调节画面整体的明暗程度，左拉变暗，右拉提亮，可以用来修正画面的曝光问题，如图 7-4 和图 7-5 所示。

2. 对比度

"对比度"功能用来增强或减弱画面明暗区域的反差。向右拉动，亮部更亮，暗部更暗，差异越大，对比越强；向左拉动则相反，如图 7-6 和图 7-7 所示。

| 图7-4 | 图7-5 | 图7-6 | 图7-7 |

3. 饱和度

"饱和度"功能用于调整画面色彩的鲜艳程度。向左拉动，画面饱和度降低，画面更灰暗；向右拉动，画面饱和度升高，色彩更浓郁，如图 7-8 和图 7-9 所示。

4. 色温

"色温"功能用于调节画面的冷暖色调。向左拉动，画面偏冷，呈现蓝调；向右拉动，画面偏暖，呈现黄调，如图 7-10 和图 7-11 所示。

| 图7-8 | 图7-9 | 图7-10 | 图7-11 |

5. 光感

"光感"功能用于控制画面通透感和光线效果，可以模拟明亮环境，如图 7-12 和图 7-13 所示。

6. 锐化

"锐化"功能用于增强画面边缘清晰度，使细节更突出，但过度使用可能导致出现噪点，如图 7-14 所示。

7. 高光

"高光"功能用于提亮或压暗画面亮部区域（如天空、灯光），保留更多细节，如图 7-15 和图 7-16 所示。

8. 阴影

"阴影"功能用于调节暗部区域的明暗，右拉提亮暗处细节，左拉加深阴影增强对比，如

图 7-17 和图 7-18 所示。

图7-12

图7-13

图7-14

图7-15

图7-16

图7-17

图7-18

9. 色调

"色调"功能用于改变画面整体色彩基调（如偏青、偏洋红），如图 7-19 和图 7-20 所示。

10. 褪色

"褪色"功能用于为画面添加灰度，模拟复古胶片褪色效果，如图 7-21 所示。

图7-19

图7-20

图7-21

11. 暗角

"暗角"功能用于降低画面四角亮度，突出中心主体，营造电影感或聚焦视线，如图 7-22 和图 7-23 所示。

12. 颗粒

"颗粒"功能用于添加胶片颗粒质感，增强复古或怀旧风格，如图 7-24 所示。

  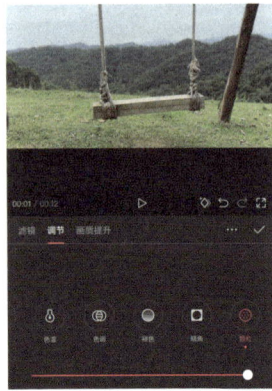

图7-22　　　　　　　　　图7-23　　　　　　　　　图7-24

> **提示**
>
> 剪映的调节功能可以划分为 4 个维度。
>
> ➤ 色彩控制——通过色温、饱和度、HSL、色彩校正等工具，校正色彩偏差或创造风格化色调（如冷峻蓝调、暖色复古）。
>
> ➤ 光影优化——利用亮度、对比度、光感、高光／阴影调整，优化曝光层次，修复过曝或死黑问题。
>
> ➤ 清晰度——结合锐化、颗粒等功能，强化细节质感。
>
> ➤ 特效——通过褪色、暗角等艺术化效果，快速赋予作品电影感、胶片感等情绪表达。

7.1.2　实操案例：让海景变通透

在拍摄旅行 Vlog 时，我们也许会碰到这样的情况——拍摄的海景视频因光线不足或设备限制显得灰蒙蒙、缺乏层次，导致海水实景表现大打折扣。本案例将运用剪映专业的调色工具，针对性地修正这些色彩偏差。通过精确调整，我们的目标是还原画面应有的通透感与色彩活力，使海景呈现出清澈、明亮且自然的视觉效果。具体的操作步骤如下。

01 打开剪映 App，在开始界面单击"开始创作"按钮 ➕ ，导入"海景"视频素材。

02 在不选中任何素材的情况下，单击底部工具栏中的"调节"按钮 ⚙ ，如图 7-25 所示。在打开的"调节"面板中，适当地提高"对比度"数值，增强明暗部的反差，去除灰蒙蒙的感觉，如图 7-26 所示。

03 降低"高光"数值，减弱明亮区域的亮度，减少过曝现象，如图 7-27 所示。

图7-25　　　　　　　　　　　图7-26　　　　　　　　　　　图7-27

04 提高"阴影"数值，提升暗部区域的细节，如图 7-28 所示。

05 提升"白色"色阶，降低"黑色"色阶，进一步提升亮部和暗部的层次，如图 7-29 和图 7-30 所示。

图7-28　　　　　　　　　　　图7-29　　　　　　　　　　　图7-30

06 降低"色温"数值，使其向冷色调偏移，如图 7-31 所示。降低"饱和度"，中和调整后过于鲜艳的色彩，如图 7-32 所示。

07 调整"HSL"功能中的青色色调，使其向蓝色偏移，让画面呈现海水的蓝色，同时降低其饱和度，防止海水过蓝，如图 7-33 所示。

图7-31　　　　　　　　　图7-32　　　　　　　　　图7-33

08 调色前后的对比效果，如图 7-34 和图 7-35 所示。

图7-34　　　　　　　　　　　　　　　图7-35

7.2 滤镜的风格化调节

　　滤镜是剪辑软件中的一种视频调色工具。它预设好了各种调节参数，能让创作者一键套用现成的色调，快速地呈现诸如电影感、复古风等特定风格。剪映内置了大量的滤镜，我们可以根据自己的需要添加使用。

1. 将滤镜添加到单个素材

　　选中需要调节的视频素材，单击底部工具栏中的"滤镜"按钮，如图 7-36 所示。在打开的"滤镜"面板中，选择合适的滤镜，调节其强度，如图 7-37 所示。设置完成后，单击☑按钮保存。返回到主轨道，可以看到滤镜添加在了当前选中的素材上，如图 7-38 所示。

图7-36

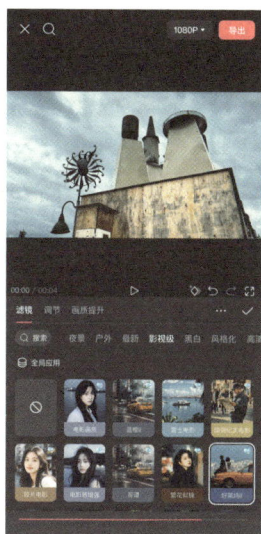
图7-37

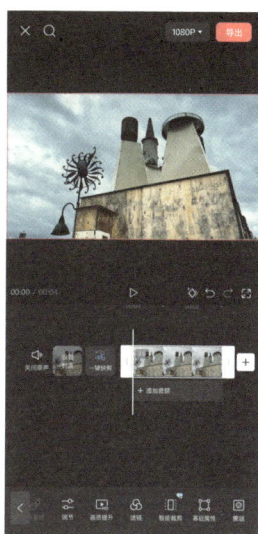
图7-38

2. 将滤镜作为独立素材使用

在不选中任何素材的情况下，单击底部工具栏中的"滤镜"按钮◈，如图 7-39 所示。在打开的"滤镜"面板中，选择合适的滤镜，并单击☑按钮保存，如图 7-40 所示。此时主轨道下方出现一条可以调整位置和长度的滤镜素材，如图 7-41 所示。它覆盖的区域就能呈现当前的滤镜效果，可以调整其长度，以控制主轨道上的画面效果。

图7-39

图7-40

图7-41

还可以同时添加多个滤镜。返回滤镜二级工具栏后，单击"新增滤镜"按钮（见图7-42），这样时间轴上便新增了一条可以编辑的滤镜素材，如图7-43所示。

图7-42

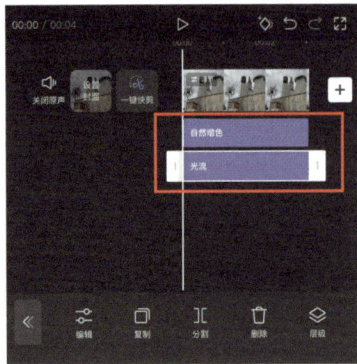

图7-43

7.3 HSL的精准调节

HSL调色能单独控制画面中的特定颜色，解决局部色彩问题。这一功能尤其适合处理人物肤色提亮、环境色风格化等场景需求，避免传统的全局调色对画面其他区域的干扰。

7.3.1 HSL参数调整

HSL是Hue（色相）、Saturation（饱和度）和Lightness（亮度）的缩写，是一种人类视觉感知的色彩模式。在剪映中，HSL作为核心调色模块之一，可实现对不同颜色的独立控制，精准调整特定颜色范围，提升视频质感。

选中需要调节的视频素材，单击底部工具栏中的"调节"按钮，如图7-44所示。在打开的"调节"面板中，单击"HSL"按钮（见图7-45），进入"HSL"面板。

图7-44

图7-45

在"HSL"面板中，可选择红色、橙色、黄色等8种颜色，分别独立调整每种颜色的色相、饱和度及亮度属性，如图 7-46 所示。色相是色彩的基本属性，就是人们平常所说的颜色名称。将色相滑块向左右滑动，可以使当前颜色向相邻色系偏移。如图 7-47 所示，将绿色的色相滑块向左滑动，画面中的绿色将偏向黄色，绿色的麦田就变成黄色。

图7-46

图7-47

　　饱和度可以用来控制某种颜色的鲜艳程度。其滑块向右滑动，饱和度升高，颜色更鲜艳；其滑块向左滑动，饱和度降低，颜色更灰暗。对于图 7-48 所示的素材，若想将背景去色，来突出主体鲜艳的色彩，可以选中草地的绿色、天空的蓝色，将它们的饱和度降低，那么背景就变灰了，而主体的颜色得以保留，如图 7-49 和图 7-50 所示。

图7-48

图7-49

图7-50

提示

HSL 是剪映中频繁使用的核心调色工具，常用场景如下。

➤ 局部颜色修正。例如，提升天空的蓝色饱和度，或者降低红色饱和度，使肤色恢复自然透亮。

➤ 风格化调色。HSL 可分层控制不同颜色区间，实现高级电影感，比如青橙色调。

➤ 修复曝光问题。天空过曝时，可以单独降低蓝色的亮度，恢复云层细节。

7.3.2　实操案例：打造黑金城市夜景

普通城市夜景视频常常因为灯光色彩杂乱、画面缺乏层次、风格不够统一，导致视觉焦点分散，难以传递高级质感。本案例将基于剪映的 HSL 局部调色功能，精准控制画面中的红、橙、黄色系，同时削弱其他杂色干扰，将视频处理成热门的黑金色调，营造风格化的城市夜景。具体的操作步骤如下。

01 打开剪映 App，在开始界面单击"开始创作"按钮 ⊞，导入一段城市夜景素材。

02 在不选中任何素材的情况下，单击底部工具栏中的"调节"按钮 ⊷（见图 7-51），打开"调节"面板，单击"HSL"按钮（见图 7-52），进入"HSL"面板（见图 7-53）。

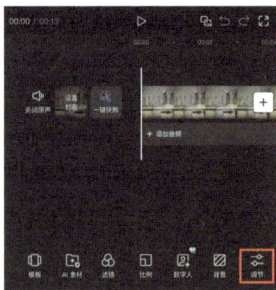  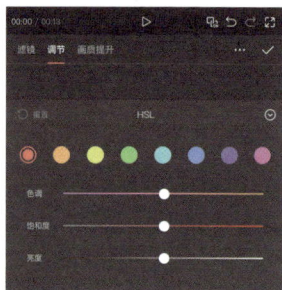

图7-51　　　　　　　　　　图7-52　　　　　　　　　　图7-53

03 将除了红色、橙色、黄色外的其他 5 种颜色的饱和度降低为 0，如图 7-54 和图 7-55 所示。

图7-54　　　　　　　　　　　　　　图7-55

04 将红色的色相滑块向右拖动，让红色向橙色偏移，如图 7-56 所示。将黄色的色相滑块向左拖动，让黄色向橙色偏移，如图 7-57 所示。将橙色的饱和度滑块向右拖动，适当提高其饱和度，如图 7-58 所示。

图7-56

图7-57

图7-58

05 在不选中任何素材的情况下，单击底部工具栏中的"滤镜"按钮，如图 7-59 所示。在打开的滤镜二级工具栏中，单击"新增滤镜"按钮，如图 7-60 所示。选择"黑白"分类中的"黑金"滤镜，适当为视频增加一点黑金色调效果，如图 7-61 所示。

图7-59

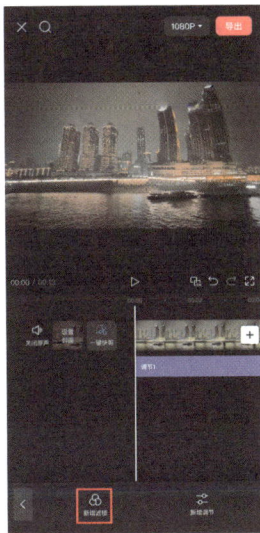

图7-60

图7-61

06 原视频如图 7-62 所示，调整后的黑金色调效果如图 7-63 所示。

图7-62

图7-63

7.4 用剪映专业版调整颜色

剪映专业版也提供了和剪映 App 类似的调色工具，本节将简单介绍剪映专业版的调色方法。

7.4.1 基础参数调整

在剪映专业版中调节颜色有两种方法。第一种方法是添加完视频素材以后，在时间轴里选中该段素材。在右上角的属性区中，单击切换至"调整"属性区，如图 7-64 所示。此时就可以在此面板中调整各项参数。这种调整只作用于选中的素材。

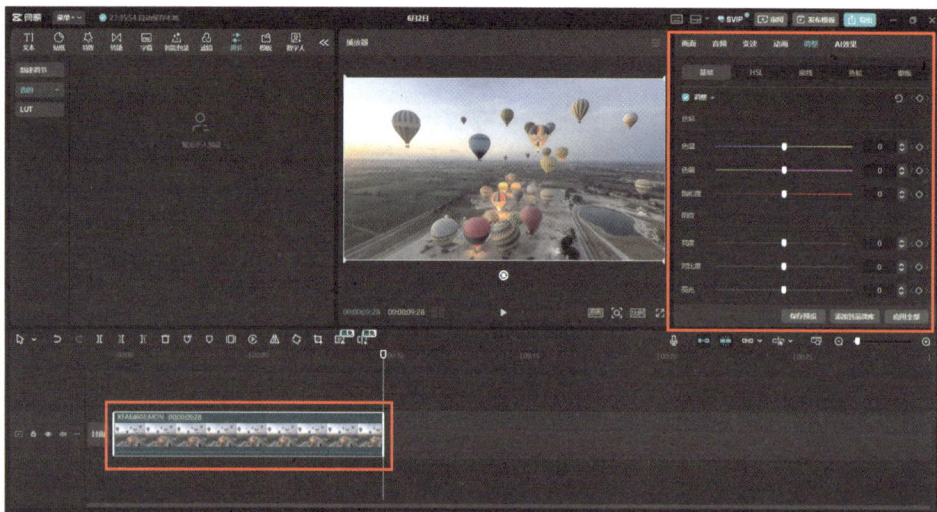

图7-64

第二种方法是添加完视频素材以后，单击工具栏中的"调节"按钮，下方的素材区会随之切换到调节界面。将素材区左侧的选项卡切换至"新建调节"，单击"自定义调节"右下角的按钮，时间轴上就会新增一条调节素材，如图 7-65 所示。这样添加的调节效果可以同时作用于多段素材。

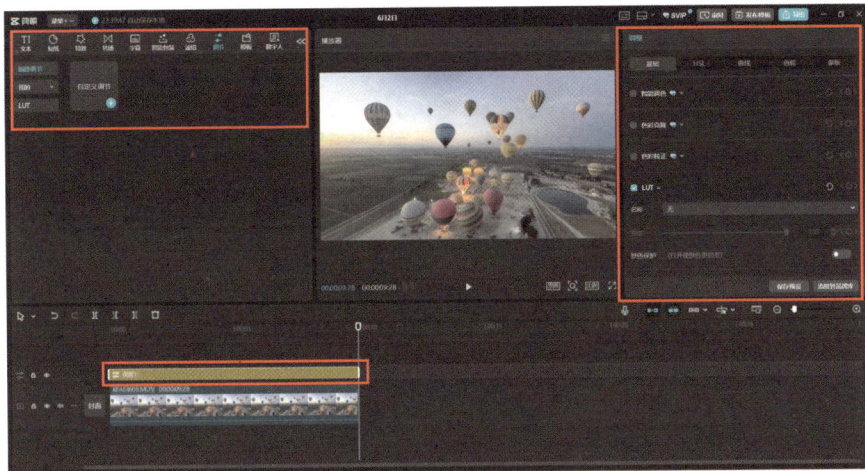

图7-65

7.4.2　滤镜

剪映专业版中添加滤镜也比较简单。单击工具栏中的"滤镜"按钮，下方的素材区会随之切换到滤镜添加的界面。可以选择"风景"分类中的"清晰"滤镜，单击其右下角的按钮，将其添加到时间轴的单独轨道上，如图 7-66 所示。在右上角的属性区中，可以对滤镜的强度进行调整。

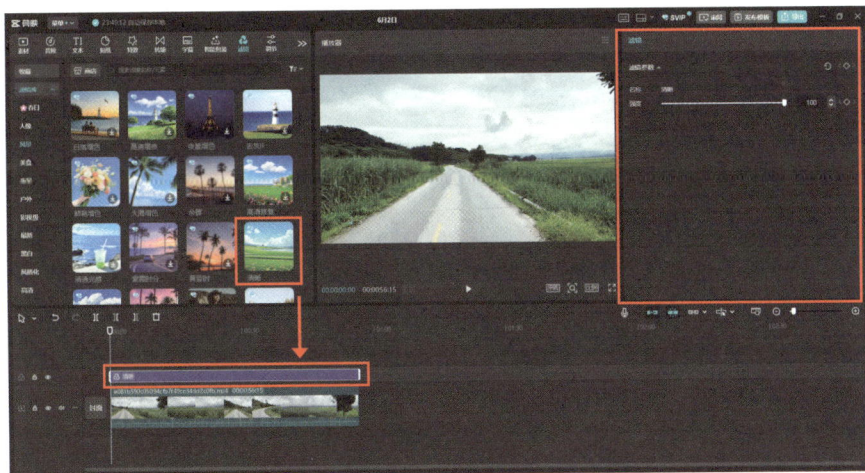

图7-66

7.4.3　HSL调整

在剪映专业版中想要进行 HSL 调整时，可以选中该段素材，在右上角的属性区中，单击切换至"调整"属性区，并切换至"HSL"面板，在此处对素材进行调节，如图 7-67 所示。

图7-67

7.5 AI色彩增强：智能调色与精准校正

除了多种手动调节工具，剪映还提供了多种智能化的工具，帮助创作者更加快速和精准地进行颜色调校。在不选中任何素材的情况下，单击底部工具栏中的"调节"按钮，如图7-68所示。打开的"调节"面板中包含了3种智能工具，如图7-69所示。

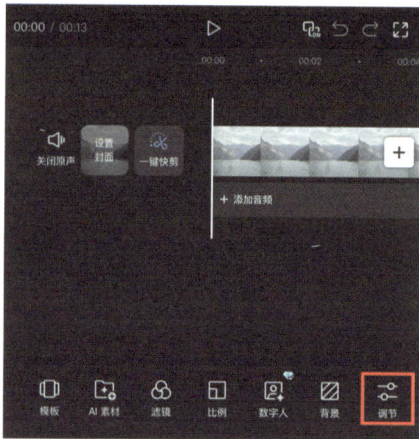

图7-68

图7-69

7.5.1 智能调色

智能调色工具通过AI算法自动分析画面内容，一键匹配最佳色彩模板，实现亮度、对比度、饱和度的智能调节。单击"调节"面板中的"智能调色"按钮（见图7-70），画面即刻得到了调整，同时时间轴上也新增了一条调节素材，如图7-71所示。

图7-70

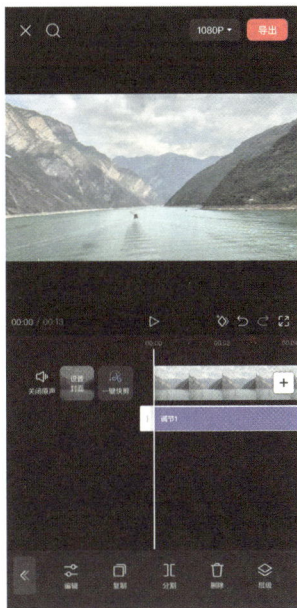

图7-71

7.5.2 色彩克隆

色彩克隆是将参考图（如电影截图、大师画作等）的色调精准提取并移植到目标素材上，实现多片段色彩风格统一。单击"调节"面板中的"色彩克隆"按钮 ，如图 7-72 所示。在设置目标图像的面板中，选择"相册导入"，如图 7-73 所示。

图7-72

图7-73

从手机相册中选择一张图片作为目标图。此处选择的是一张傍晚的图片，如图 7-74 所示。随即就完成了色彩的迁移，目标图中黄昏的色调被复刻到视频素材上，如图 7-75 所示。同时时间轴上也新增了一条调节素材，如图 7-76 所示。

图7-74

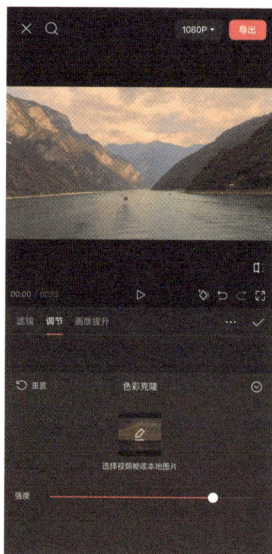

图7-75

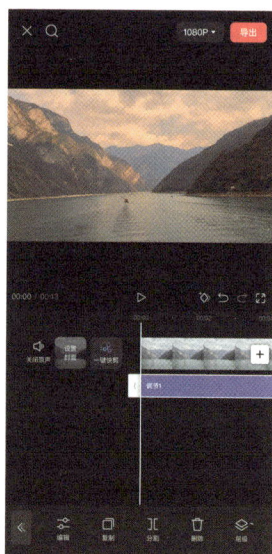

图7-76

7.5.3　色彩校正

色彩校正可以修复画面缺陷，包括白平衡校准、恢复过曝的细节等。单击"调节"面板中的"色彩校正"按钮■（见图7-77），画面即刻得到了修正，同时时间轴上也新增了一条调节素材，如图7-78所示。

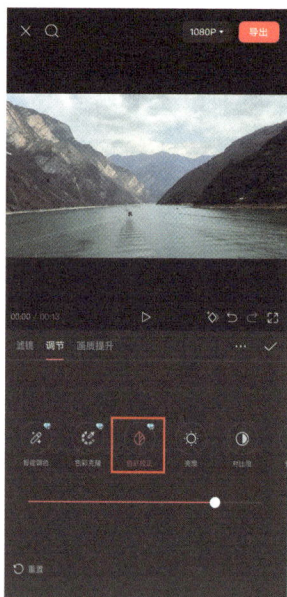

图7-77

图7-78

7.6 知识拓展：常用色彩模式

色彩模式是数字世界中表示颜色的一种算法，将颜色分解为若干分量（如红、绿、蓝或青、品红、黄等）。不同的色彩模式基于不同的成色原理（如加色法或减色法），也适用于不同的设备和场景。以下是常用色彩模式及其应用场景。

1. RGB模式

由红、绿、蓝三原色构成。基于色光叠加的加色模式，通过红、绿、蓝三原色的混合能够产生极其丰富的色彩。RGB 模式适用于电子屏幕设备，如电视、显示器、手机等。它的优点是色域广，色彩鲜艳，适合发光设备。不过由于设备的不同，同一图像在不同设备端的显示可能会有差异。

2. CMYK模式

与 RGB 色彩模式不同，CMYK 模式基于颜料吸收的减色模式，由青、品红、黄、黑组成。CMYK 模式适用于印刷行业，比如印刷海报、包装、书籍等。需要注意的是，RGB 色域明显大于 CMYK，一些鲜艳的颜色可能在印刷中无法还原。因此在设计印刷物料时，就需要提前将初始文件设置为 CMYK 模式，避免后期转换损失色彩。

3. Lab模式

Lab 色彩模式覆盖人眼可见的全部颜色，提供了极广的色彩范围。这个模式包含一个亮度和两个色度通道，适用于专业图像处理，比如颜色校正、色彩平衡等。

4. 灰度模式

灰度模式是一种仅使用亮度信息表示图像的色彩模式，通过黑白及其中间过渡的灰色阶（0~255）来呈现画面，不含任何颜色。它适用于低成本印刷，比如扫描文档、报纸等，或者一些需要去除色彩干扰、简化图像数据的场景。

第 8 章

合成：开启视觉
冲击魔法

　　视频剪辑的终极魅力，在于通过合成技术打破现实与创意的边界。在Vlog的分屏叙事、广告的视觉特效设计以及短剧的虚实场景构建中，合成功能让普通素材焕发电影感，也能让你的故事更具视觉张力。

　　本章将深入讲解剪映中四大核心合成功能——画中画、蒙版、混合模式与抠像，结合实操案例，帮助读者掌握更多的创作手法。

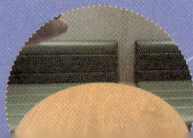

8.1　画中画

画中画效果可以增加视觉层次感，同时展示多个场景或信息，提高观众的观看兴趣，方便进行对比或解说，增强信息传递的效果。

8.1.1　什么是画中画

画中画是视频叠加的核心功能，允许在原有视频轨道上叠加多个视频或图片，这些素材将在同一个画面中同时出现。通过画中画，可以实现多场景融合、分屏展示、图文标注等效果。例如，在旅行 Vlog 中叠加地图路线，或者在教程视频中添加操作演示。

在不选中任何素材的情况下，单击底部工具栏中的"画中画"按钮图，如图 8-1 所示。在打开的画中画二级工具栏中单击"新增画中画"按钮图，如图 8-2 所示，即可打开素材添加面板，添加新的素材到画中画轨道。

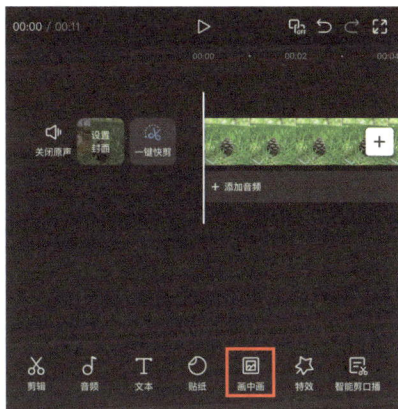

图8-1

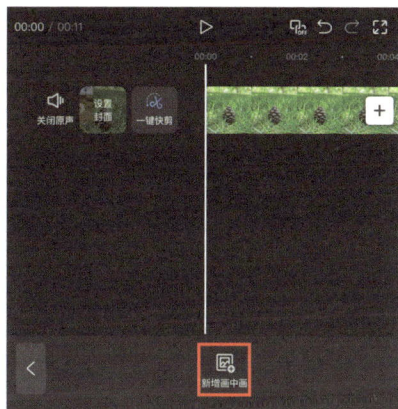

图8-2

8.1.2　调整画中画

添加画中画以后，时间轴主轨道的下方便新增了一条画中画轨道，该视频素材也以小画面的形式出现在预览区中。

选中画中画素材，单击底部工具栏中的"切主轨"按钮图，可将该画中画轨道变成主轨道，如图 8-3 所示。也可以选中主轨道，单击底部工具栏中的"切画中画"按钮图，将主轨道变成画中画轨道，如图 8-4 所示。

剪映支持多层画中画同时叠加，最新添加的素材默认出现在预览区画面的最上方（上层覆盖下层）。选中某层轨道，单击底部工具栏中的"层级"按钮图，如图 8-5 所示。在打开的"层级调整"面板中，可以选择优先将某一层画中画置于顶部，由此调整多个画中画的显示顺序，如图 8-6 和图 8-7 所示。

图8-3

图8-4

图8-5

图8-6

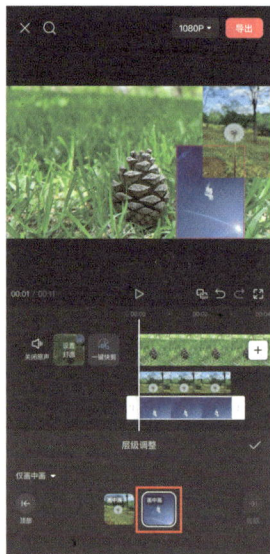

图8-7

8.1.3　实操案例：制作多画面叠加视频

　　在实际的短视频创作中，我们常常会积累大量精彩的碎片化的画面素材。如何让这些零散素材有机整合，创造出层次丰富的视觉表达？这时，剪映强大的画中画功能就派上了用场。本节实操案例通过将多段不同风格、不同类型的画面片段进行巧妙叠加与编排，在短时间内同步展示不同视角的内容，制作出一个流行的多画面分屏效果。具体的操作步骤如下。

01 打开剪映 App，在开始界面单击"开始创作"按钮 ⊞，导入"信封"视频素材。

02 选中信封素材后，单击底部工具栏中的"滤镜"按钮 ⬡，如图 8-8 所示。在打开的滤镜二级工具栏中，搜索并选择"黑胶唱片"滤镜，给视频添加一个老旧的效果，如图 8-9 所示。

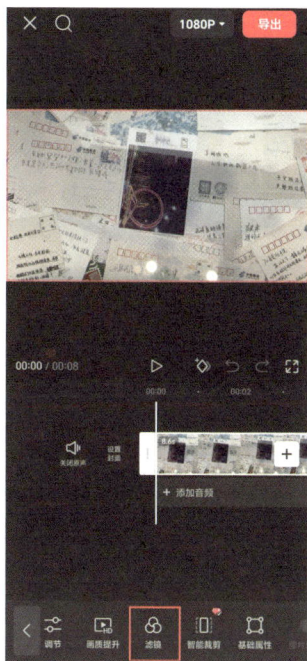

图8-8

图8-9

03 在不选中任何素材的情况下，单击底部工具栏中的"音频"按钮 ♪，在打开的音频二级工具栏中单击"音乐"按钮 ⊙，如图 8-10 所示。打开剪映音乐素材库后，挑选合适的音乐，将其添加到时间轴中。然后选中该音乐，单击底部工具栏中的"节拍"按钮 ⚑，如图 8-11 所示。在打开的"节拍"面板中，单击"自动踩点"按钮，自动识别出音乐的节奏，如图 8-12 所示。

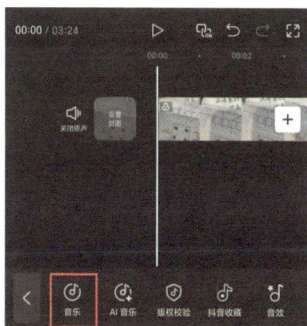

图8-10

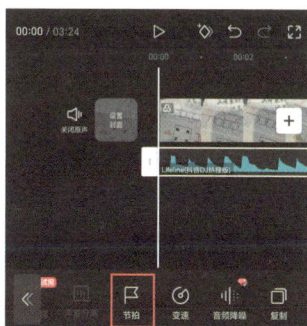

图8-11

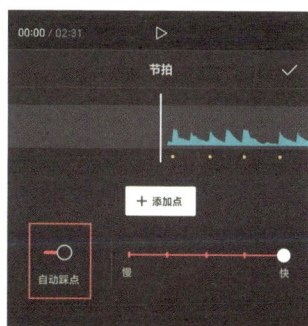

图8-12

04 在不选中任何素材的情况下，单击底部工具栏中的"画中画"按钮📷，如图 8-13 所示。在打开的画中画二级工具栏中单击"新增画中画"按钮📷，如图 8-14 所示。打开素材添加面板后，添加"写字""眼镜""人像"这三段素材到画中画轨道，如图 8-15 所示。

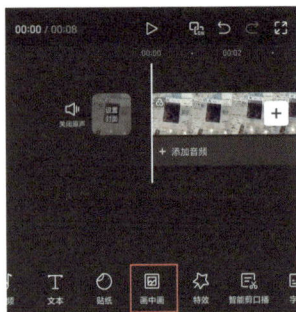
图8-13

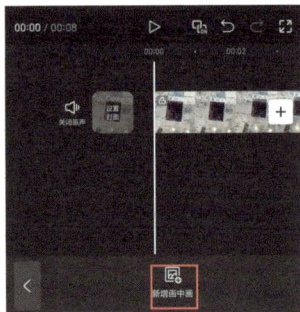
图8-14

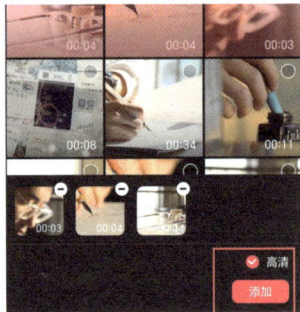
图8-15

05 加入素材后，在预览区中用双指缩放素材大小，并将其拖动摆放到合适的位置，如图 8-16 所示。为了让画中画的出现契合音乐节奏，移动每段素材的开头与音乐节拍点（黄色标记点）对齐，并错开每段视频的开始时间，使其出现错落有致，如图 8-17 所示。重复以上操作，添加更多的画中画素材，让画面更加丰富，如图 8-18 所示。

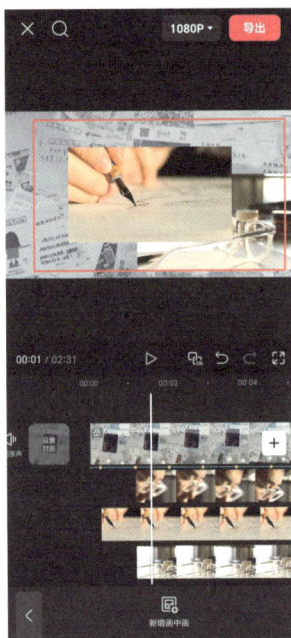
图8-16

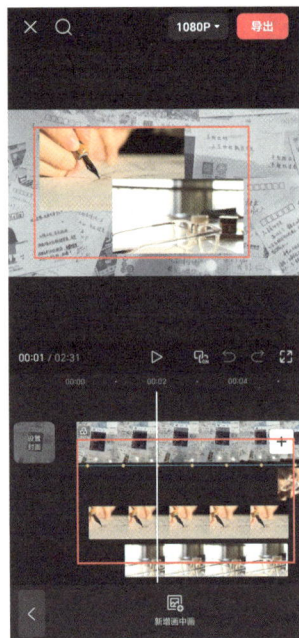
图8-17

图8-18

06 为了不让画中画素材在消失时显得过于突兀，选中一段素材为其添加动画效果。单击底部工具栏中的"动画"按钮📷，如图 8-19 所示。在打开的"动画"面板中，选择"出场"分类中的"渐隐"效果，如图 8-20 所示。按照同样的操作，为其他素材也添加上相应的出场动画。

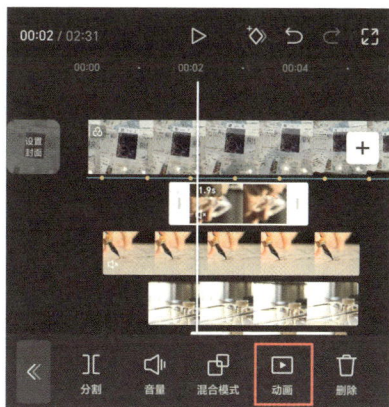

图8-19

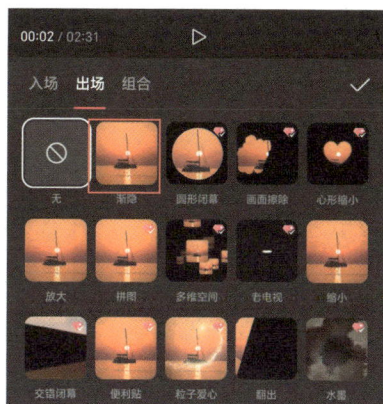

图8-20

07 最终效果如图 8-21 至图 8-23 所示。

图8-21

图8-22

图8-23

8.2 蒙版

使用蒙版效果可有效突出视频关键主体，通过遮挡次要元素，让观众注意力聚焦；还能实现创意转场，使场景过渡自然流畅，提升视频整体观赏性。此外，蒙版能用于制作独特的视觉效果，比如局部模糊、渐变显示等，增强视频的艺术感与吸引力，从而为观众带来更丰富的观看体验。

8.2.1 什么是蒙版

蒙版是通过几何形状或自定义路径，控制画面的显示范围。利用剪映中的蒙版功能，可以实现局部遮挡、渐变融合、创意分屏等效果。无论是手机广告中的"屏幕穿越"特效，还是健身教学视频中的教练与学员同屏演练，蒙版都能让画面充满想象力，让信息传达更加直观。

在时间轴上选中需要添加蒙版的素材，单击底部工具栏中的"蒙版"按钮，如图 8-24 所示。在打开的"蒙版"面板中，剪映提供了线性、圆形、矩形等多种几何形状的蒙版，如图 8-25 所示。选择某一形状的蒙版，单击右下角的✓按钮，即可将该蒙版应用到素材中。预览区中显示了添加蒙版后的画面，蒙版外的部分被剪切掉，蒙版内的区域可见，如图 8-26 所示。

图8-24　　　　　　　　图8-25　　　　　　　　图8-26

8.2.2　调整蒙版

　　添加蒙版时，单击"调整参数"按钮，即可打开"蒙版参数"面板。在该面板中，拖动底部的参数滑块就可以调整蒙版的位置、大小和旋转等数值，调整完成后单击右下角的按钮保存，如图 8-27 所示。若对调整效果不满意，还可以单击左下角的"重置"按钮，恢复原始参数。

　　我们还可以更加方便地手动调整蒙版。手指长按预览区中的蒙版自由移动，就可以随意调整蒙版的位置，如图 8-27 所示。双指长按画面进行旋转，可以调整蒙版的旋转角度，如图 8-28 所示。双指在画面上捏合或张开，可将蒙版缩小或放大，如图 8-29 所示。

图8-27　　　　　　　　图8-28　　　　　　　　图8-29

默认情况下，蒙版有着明显的分界线。可以选择"羽化"选项调整边缘的虚实，创建柔和平滑的过渡效果，如图 8-30 所示。如果应用了矩形蒙版，还可以调整其"圆角"参数，让 4 个角变得更加圆滑，如图 8-31 所示。此外，单击"蒙版参数"面板左下角的"反转"按钮，蒙版的作用范围会调转，蒙版外的部分可见，蒙版内的区域被剪切掉，如图 8-32 所示。

图8-30

图8-31

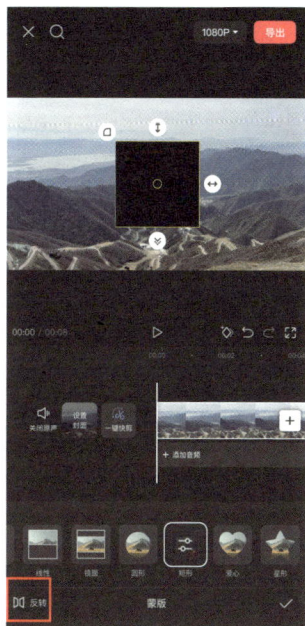
图8-32

8.2.3　实操案例：手机变身咖啡机

在短视频内容爆炸性增长的今天，普通的产品展示或生活记录视频越来越难抓住观众眼球。许多创作者常常苦于内容缺乏吸引力和记忆点。本案例将制作一个有趣的创意场景——按压手机屏幕，咖啡喷涌而出。通过这个案例，创作者将掌握蒙版的核心操作逻辑，增加视频的吸引力。具体的操作步骤如下。

01　打开剪映 App，在开始界面单击"开始创作"按钮，导入"倒入冰块""倒入咖啡"两段视频素材。

02　在不选中任何素材的情况下，单击底部工具栏中的"画中画"按钮，如图 8-33 所示。在打开的画中画二级工具栏中单击"新增画中画"按钮，如图 8-34 所示。打开素材添加面板后，将"按压手机"素材添加到画中画轨道，如图 8-35 所示。

03　将新添加的画中画素材"按压手机"拖拽至第一段素材"倒入冰块"下方并对齐，如图 8-36 所示。选中画中画素材，单击底部工具栏中的"蒙版"按钮，如图 8-37 所示。在打开的"蒙版"面板中，选择"线性"蒙版后，将蒙版中的黄色分割线滑动至手机与杯子的交界处，如图 8-38 所示。

图8-33

图8-34

图8-35

图8-36

图8-37

图8-38

04 最终效果如图 8-39 至图 8-41 所示。

图8-39

图8-40

图8-41

8.3　混合模式

　　混合模式是剪映中实现创意叠加的重要工具，它通过算法让不同图层的光影、色彩相互交融，创造出远超单一素材的表现力。使用混合模式能有效解决素材叠加生硬、画面缺乏层次感与表现力的问题。

　　本节将解析其核心工作原理，并结合典型应用场景，提供具体操作方法与技巧。

8.3.1　什么是混合模式

　　混合模式是数字图像处理以及设计领域中一个非常重要的概念。它描述了两个或多个图层在重叠时，它们的颜色是如何相互影响的。混合模式通过算法将上下图层的像素以特定的方式混合，实现变亮、叠加、滤色等特殊效果，常常用于文字透底、光影叠加、双重曝光等场景。

　　由于混合模式涉及多个图层的混合，要使用混合模式，首先必须进入画中画轨道，添加新的素材，如图 8-42 和图 8-43 所示。选中画中画轨道上的素材，单击底部工具栏中的"混合模式"按钮 ，如图 8-44 所示，即可打开"混合模式"面板。默认情况下，上下两个图层的混合模式是"正常"，即上方图层把下方图层完全覆盖。混合模式中还提供了变暗、滤色、叠加等其他 10 种混合模式。可以选择某一混合模式，拖动下方的滑块调整混合强度，如图 8-45 所示。

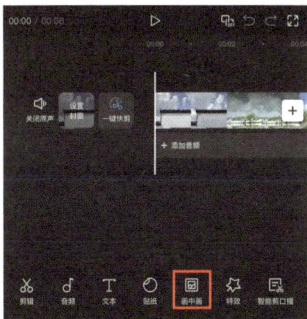
图8-42

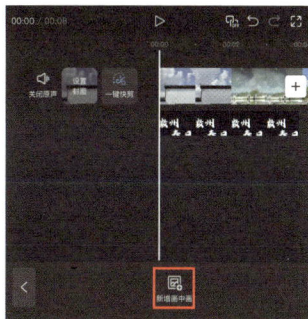
图8-43

图8-44

图8-45

8.3.2　混合模式的应用场景

除了默认的"正常"模式，剪映中其他 10 种混合模式按照效果可以分为 3 组，分别应用于不同的场景。

1. 去暗留亮组

这一组包含"滤色""变亮""颜色减淡"3 种模式，核心原理是对比上下两个图层，保留两个图层中较亮的像素，去掉暗部区域，如图 8-46 所示。

图8-46

利用这组模式，可以添加水墨素材，实现国风转场，如图 8-47 所示。还可以用"滤色"模式一键去除黑色背景，更加自然地为视频添加雨雪、星光效果，如图 8-48 所示。

图8-47

2. 去亮留暗组

这一组包含"正片叠底""变暗""线性加深""颜色加深"4 种模式，核心原理是保留较暗的像素，去掉亮的部分，压暗整体画面，如图 8-49 所示。

图8-48

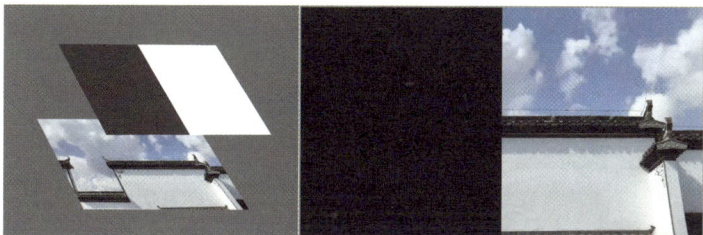

图8-49

利用这组模式，可以将白色文字叠加到画面中，实现镂空字的效果，如图 8-50 所示。还可以为视频叠加划痕或者颗粒图层，模拟胶片电影感，如图 8-51 所示。

图8-50

图8-51

3. 颜色对比组

这一组包含"叠加""柔光""强光"3 种模式，核心原理是根据明暗动态调整对比度，让亮的部分更亮，暗的部分更暗，通常用来增强层次，制造戏剧感。"叠加"模式效果如图 8-52 所示，"柔光"模式效果如图 8-53 所示。

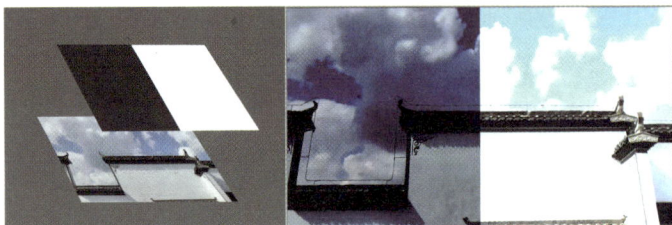

图8-52

图8-53

8.3.3 实操案例：制作全息悬浮歌单

想让你的音乐推荐视频在众多内容中脱颖而出？当下流行的悬浮歌单设计效果是个不错的选择——它能让歌单卡片看起来自然地悬浮在现实场景中，瞬间提升视频的科技感与创意表现力。本案例将带领创作者一步步运用混合模式结合动画，打造歌单在半空中发光漂浮的动态效果，让你的视频更具吸引力，紧跟当前视觉潮流。具体的操作步骤如下。

01 开始制作前，需要准备两段素材。首先需要拍摄一段手指在空中滑动的视频，如图 8-54 所示。然后还需要利用手机录屏，录制一段滑动歌单的视频。为了方便后期调整混合模式，这段视频需要黑底录制，可以在手机的"显示与亮度"中找到深色模式的开关，如图 8-55 所示。当手机背景变为深色之后，再进入音乐 App 里滑动歌单，并用手机自带的录屏功能，将这个动作录制下来，如图 8-56 所示。

图8-54

图8-55

图8-56

02 打开剪映 App，在开始界面单击"开始创作"按钮 ⊞，导入"手指空中滑动"视频素材。

03 在不选中任何素材的情况下，单击底部工具栏中的"画中画"按钮 ▣，如图 8-57 所示。在打开的画中画二级工具栏中单击"新增画中画"按钮 ▣，如图 8-58 所示。打开素材添加面板后，将歌单滑动的录屏素材添加到画中画轨道，如图 8-59 所示。

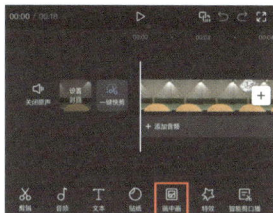
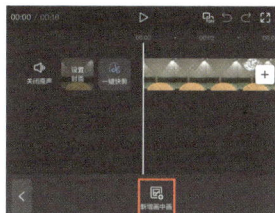
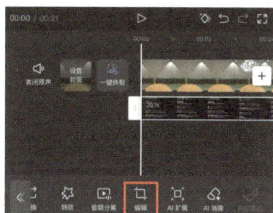

图8-57　　　　　　　　　　图8-58　　　　　　　　　　图8-59

04 选中画中画素材，单击底部工具栏中的"编辑"按钮 ▣，如图 8-59 所示。在打开的编辑二级工具栏中单击"调整大小"按钮 ▣，如图 8-60 所示。进入"裁剪"面板后，用双指在画面上捏合或张开，将画面裁切到合适的大小，如图 8-61 所示。调整完毕后，单击右上角的 ✓ 按钮，返回到主轨道，将录屏素材拖动到合适的位置，如图 8-62 所示。

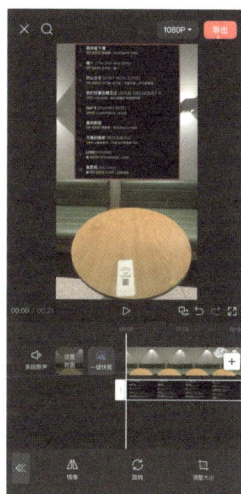

图8-60　　　　　　　　　　图8-61　　　　　　　　　　图8-62

05 单击屏幕左下角的返回键，回到上一级菜单。单击底部工具栏中的"混合模式"按钮 ▣（见图 8-63），打开"混合模式"面板，如图 8-64 所示。

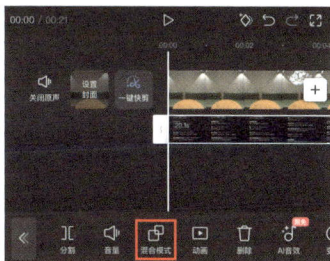
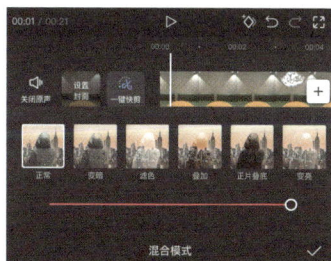

图8-63　　　　　　　　　　　　　　　图8-64

06 选择"滤色"模式,并单击右下角的 ☑ 按钮保存操作,如图 8-65 所示,此时我们想要的悬浮效果已经实现。

07 在完成悬浮特效的制作后,为了让画面更有趣,我们可以回到上一级菜单,单击底部工具栏中的"动画"按钮 ▶,如图 8-66 所示。在打开的"入场动画"分类中,选择"老电视"特效,让悬浮歌单的出现更具科幻感,如图 8-67 所示。

图8-65

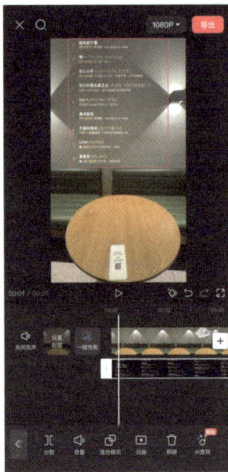
图8-66

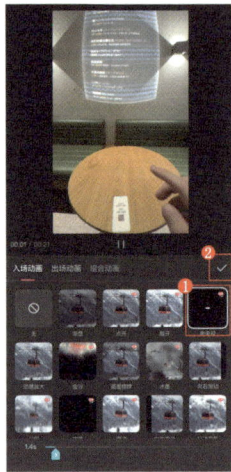
图8-67

08 最终效果如图 8-68 至图 8-70 所示。

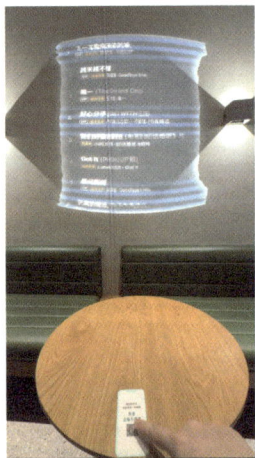
图8-68

图8-69

图8-70

8.4 抠像

　　抠像功能通过分离主体与背景实现创意合成,是剪辑中处理人物、物体叠加的关键技术。本节将解析 3 种核心抠像工具的操作逻辑,并通过音乐变色卡点案例演示动态抠像的实用技巧。

8.4.1 抠像工具

抠像是通过识别颜色或者利用智能算法，将主体与背景分离，实现人物、物体与场景的自由合成。无论是绿幕直播中虚拟背景的替换，还是创意短片中的人物悬浮特效，抠像都能让创作者突破实拍场景限制，实现创意的自由。

选中需要抠像的素材，单击底部工具栏中的"抠像"按钮，如图 8-71 所示。在打开的抠像二级工具栏中，剪映提供了 3 种抠像方式，如图 8-72 所示。

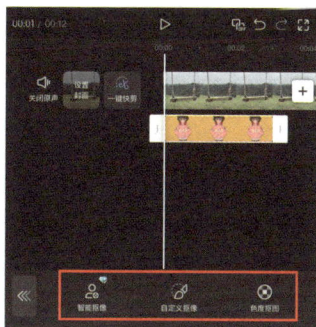

图8-71　　　　　　　　　　　　　　图8-72

1. 智能抠像

智能抠像是指剪映用智能算法，自动识别人物轮廓，能够一键分离人物与背景。在抠像二级工具栏中，单击"智能抠像"按钮（见图 8-73），即可将人物从背景中抠取出来。在打开的"智能抠像"面板中，还可以修改边缘和羽化数值，调整抠像效果，如图 8-74 所示。也可以选择为抠取出来的人像添加一个有趣的描边效果，如图 8-75 所示。

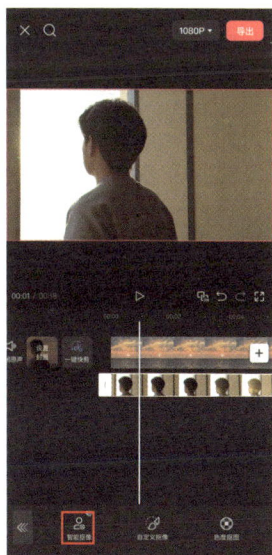

图8-73　　　　　　　　图8-74　　　　　　　　图8-75

2. 自定义抠像

　　如果主体不是人像，或者对智能抠像的效果不是很满意，我们也可以选择自定义抠像，自己选取抠像的范围。在抠像二级工具栏中，单击"自定义抠像"按钮 🖊️，如图 8-76 所示。选择"画笔"工具，在画面中涂抹想要抠取出来的区域，将其覆盖成红色，如图 8-77 所示。抠取出来的效果如图 8-78 所示。

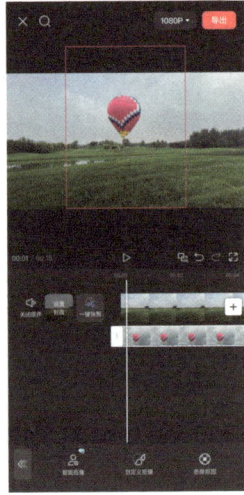

| 图8-76 | 图8-77 | 图8-78 |

3. 色度抠图

　　色度抠图通过取色器选取特定颜色，将其透明化并替换为新背景。在抠像二级工具栏中，单击"色度抠图"按钮 ◉，如图 8-79 所示。在预览窗口中拖动取色圆环，选取想要去除的颜色，如图 8-80 所示。由于背景是黄色，在去除时范围过大，将邻近的红色耳机也抹去了。可以在面板中降低"强度"数值，恢复耳机的颜色，如图 8-81 所示。

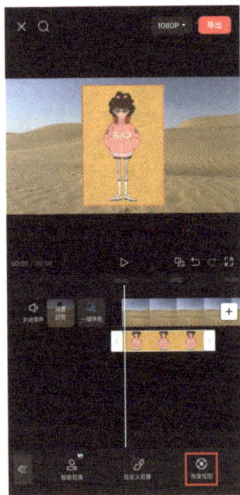

| 图8-79 | 图8-80 | 图8-81 |

8.4.2　实操案例：音乐变色卡点

在制作音乐视频、Vlog 开场或创意短片时，我们常常希望画面能与音乐的节奏产生联动，例如让主体的色彩、光影随着节拍变化，营造更强的沉浸感和冲击力。本节将通过实操案例，演示如何利用剪映的抠像功能分离人像主体，并通过节拍功能自动标记音乐节奏点，最终制作一段人像随着音乐节拍精准变化颜色的创意视频。具体的操作步骤如下。

01　打开剪映 App，在开始界面单击"开始创作"按钮 ⊞，导入一段"行走"视频素材。

02　选中该素材，单击底部工具栏中的"复制"按钮 ▣（见图 8-82），在主轨道复制出一段素材。选中新复制的素材，单击底部工具栏中的"抠像"按钮 ⚇，如图 8-83 所示。在打开的抠像二级工具栏中，单击"智能抠像"按钮 ⚇，如图 8-84 所示。

图8-82

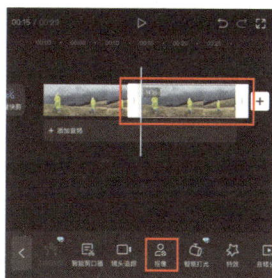
图8-83

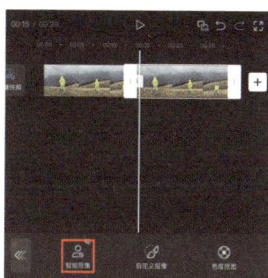
图8-84

03　如图 8-85 所示，人物马上就从背景中抠取出来了。应用抠像结果后，选中该素材，单击底部工具栏中的"切画中画"按钮 ⤬，将该素材从主轨道移动到画中画轨道，如图 8-86 所示。

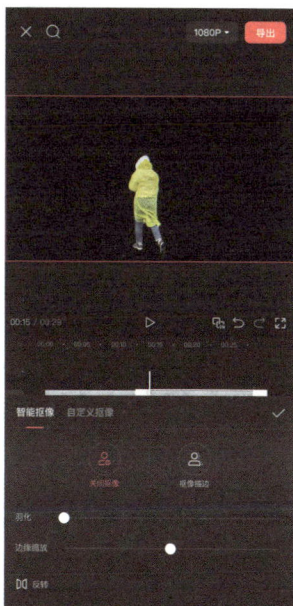
图8-85

图8-86

04 将画中画素材与主轨道素材对齐，然后再次选中主轨道素材，单击底部工具栏中的"复制"按钮◻（见图 8-87），主轨道又复制出一段素材。选中新复制的素材，单击底部工具栏中的"抠像"按钮，如图 8-88 所示。在打开的抠像二级工具栏中，单击"自定义抠像"按钮，如图 8-89 所示。

 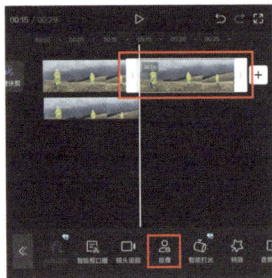 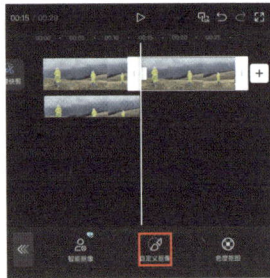

图8-87　　　　　　　　　图8-88　　　　　　　　　图8-89

05 用"画笔"工具在画面中将背景的山体涂抹出来，如图 8-90 所示，单击✓按钮保存操作。选中新抠取的素材，单击底部工具栏中的"切画中画"按钮，将该素材从主轨道移动到画中画轨道，如图 8-91 所示。

 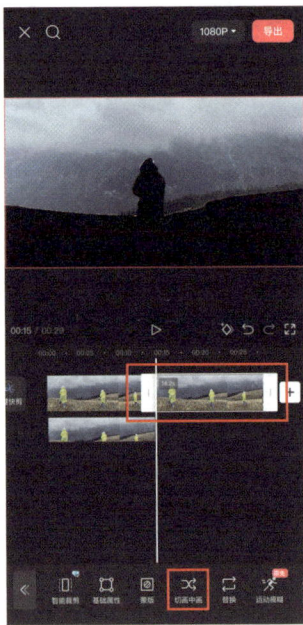

图8-90　　　　　　　　　　　　　　　　图8-91

06 将画中画素材与主轨道素材对齐，然后再次选中主轨道素材，单击底部工具栏中的"复制"按钮◻（见图 8-92），主轨道再次复制出一段素材。选中新复制的素材，单击底部工具栏中的"抠像"按钮，如图 8-93 所示。在打开的抠像二级工具栏中，单击"自定义抠像"按钮，如图 8-94 所示。

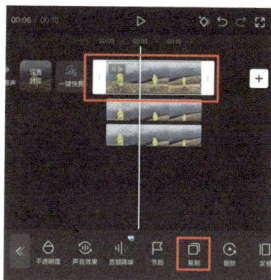
图8-92

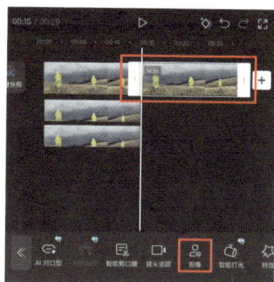
图8-93

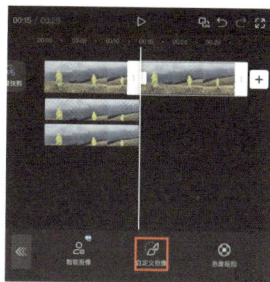
图8-94

07 用"画笔"工具在画面中将背景的草地涂抹出来，如图 8-95 所示，单击 ✓ 按钮保存操作。选中新抠取的素材，单击底部工具栏中的"切画中画"按钮 ⤭，将该素材从主轨道移动到画中画轨道，如图 8-96 所示。

图8-95

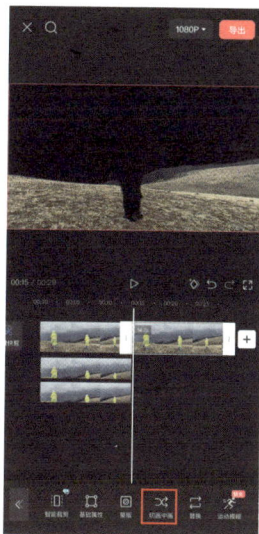
图8-96

08 将画中画素材与主轨道素材对齐，然后选中主轨道素材，单击底部工具栏中的"调节"按钮 ⤭，如图 8-97 所示。将主轨道素材的饱和度降低，如图 8-98 所示。然后添加一段合适的音乐素材，选中该音乐素材，单击底部工具栏中的"节拍"按钮 ⚑，如图 8-99 所示。

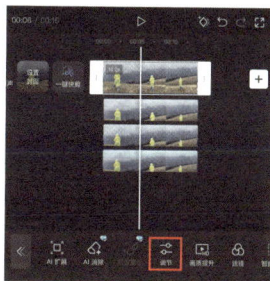
图8-97

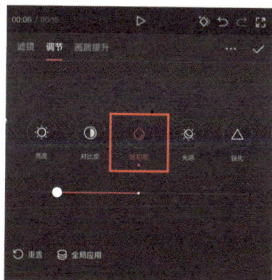
图8-98

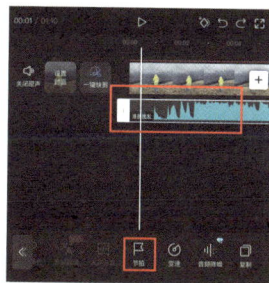
图8-99

09 在打开的"节拍"面板中，将时间线移动到波峰处，单击"添加点"按钮，添加 3 个黄色的标记，如图 8-100 所示。返回主轨道后，可以看到音频上有刚才添加的标记点，然后单击底部工具栏中的"画中画"按钮 ▣，如图 8-101 所示。展开画中画轨道，对比标记点，将画中画轨道前面多余的素材裁剪掉，如图 8-102 所示。

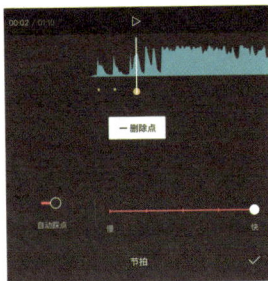
图8-100

图8-101

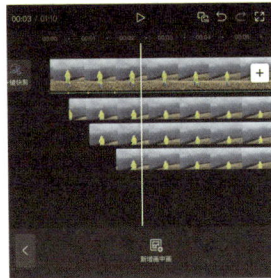
图8-102

10 最终效果如图 8-103 ～图 8-106 所示，伴随着音乐节拍，整个视频从最初的灰色，按照人、山体、草地的顺序依次恢复色彩。

图8-103

图8-104

图8-105

图8-106

8.5 用剪映专业版合成视频

剪映专业版中的各种合成功能与剪映 App 略有不同。由于剪映专业版支持多层素材叠加，从基础分屏到复杂特效的合成需求，剪映专业版都可以轻松实现。

8.5.1　"画中画"与"图层"

与剪映 App 不同，剪映专业版并没有"画中画"这个按钮与功能，所有素材以"图层"的方式叠加堆砌在时间轴上，如图 8-107 所示。图层的操作方式比画中画更加便捷和自由，因此剪映专业版能处理更加烦琐的素材合成任务。

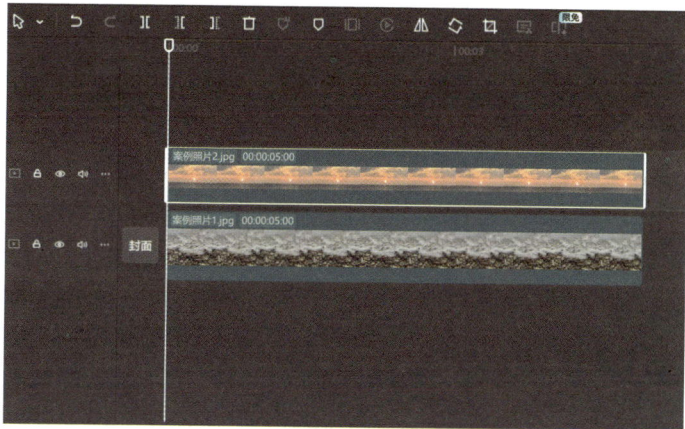

图8-107

8.5.2　混合模式

在剪映专业版中想要改变画面的混合模式时，可以选中一段素材，右上角的"画面"属性区就会打开。在"基础"面板中，就可以对图层的混合模式进行调整，如图 8-108 所示。

图8-108

8.5.3　蒙版

在剪映专业版中添加蒙版也比较简单。可以选中一段素材，在右上角的"画面"属性区中，选择"蒙版"面板，在其中选择合适的蒙版进行添加。如图 8-109 所示。同剪映 App 相比，剪映专业版提供了更多的蒙版样式，还可以选择"钢笔"工具，绘制不规则的蒙版。

图8-109

8.5.4 抠像

在剪映专业版里选中一段素材，在右上角的"画面"属性区中，选择"抠像"面板，如图8-110所示，就可以对素材进行抠像了。与剪映App类似，剪映专业版也提供了"智能抠像""自定义抠像""色度抠图"3种抠像方式。

图8-110

8.6 AI智能抠图：提升设计效率

剪映虽然以视频剪辑为核心，但其内置的AI图片编辑工具基于人工智能技术，也具有强大的功能，可以为用户提供智能化的图像创作与优化服务。

打开剪映App，在开始界面单击"AI图片编辑"按钮，如图8-111所示。"AI图片编辑"是一组图片处理的工具包，这些工具相互补充，联合使用可以提升图片创作和处理的效率。在打开的选择界面中，选择"智能抠图"工具，如图8-112所示。导入需要处理的图片以后，剪映会自动地将画面主体抠取出来，如图8-113所示。

图8-111

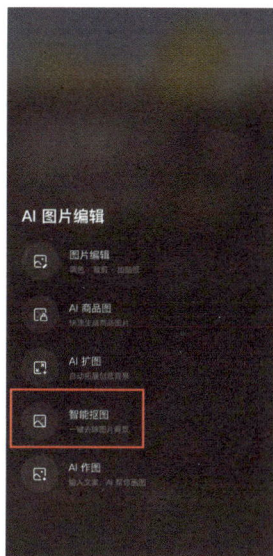
图8-112

图8-113

　　剪映完成精准抠图后，可以单击底部工具栏中的"AI 换背景"按钮，如图 8-114 所示。"AI 换背景"也就是"AI 商品图"，它提供棚拍、质感台面、室外等多种预设背景。电商用户可以快速产出商品展示图，无须手动处理背景或光影细节，大幅降低实景拍摄与后期制作成本，如图 8-115 所示。

图8-114

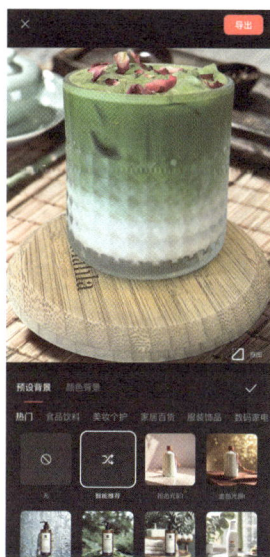
图8-115

　　还可以单击底部工具栏中的"智能设计"按钮，如图 8-116 所示。这项功能基于内置模板库和 AI 算法，可以实现智能图文排版、一键生成海报、社交媒体配图等。生成的模板也支持自由调整字体、颜色、布局，尤其适合活动推广或内容创作者快速产出高质量的视觉物料，如图 8-117 所示。

图8-116

图8-117

8.7 知识拓展：剪映的三种抠像工具对比

本章介绍了剪映中的几大合成工具，其中就包括抠像。前面也提到剪映提供了三种抠像方法：智能抠像、自定义抠像和色度抠像。不同场景下选择合适的方法既能避免无效操作，也直接决定成片质量。下面将基于功能特性、适用场景对三种抠像工具进行对比分析，帮助创作者更快地掌握这几种抠像工具。

1. 智能抠像

优势：AI 自动识别人物轮廓，适合口播、访谈等人物主体清晰的场景。

局限：对复杂发型、动态动作识别较差；有会员限制，影响使用。

注意：若边缘抠取得不自然，可通过"描边"功能或微调羽化参数优化。

2. 自定义抠像

优势：支持任意物体抠取，画笔、擦除工具可精准控制细节，比如宠物毛发等。

局限：操作耗时，需逐帧检查。

注意：用"快速画笔"工具处理大区域，"画笔"工具修整边缘，还可以双指放大画面精细涂抹。

3. 色度抠像

优势：绿幕、蓝幕素材抠像效果最佳，边缘过渡自然。

局限：依赖颜色均匀的背景，褶皱或阴影会导致抠图失败。

注意：主体避免穿与背景同色服装，确保光线均匀。

智能抠像、自定义抠像和色度抠像的操作难度、边缘处理效果、适用对象及适用场景如表 8-1 所示。

表8-1

	智能抠像	自定义抠像	色度抠像
操作难度	全自动，一键完成	需逐帧检查	需调整参数
边缘处理效果	发丝细节处理较弱	可精修毛发	边缘干净
适用对象	标准人像	任意物体，可带有复杂轮廓；支持毛发细节精修	纯色背景拍摄，包括绿幕、蓝幕
适用场景	• Vlog 口播 • 快速出片	• 产品特写 • 动物毛发处理	• 虚拟直播间 • 影视特效合成

第 **9** 章

运动：动起来的画面更好玩

短视频时代，"动起来"的画面能制造张力，瞬间抓住观众眼球。本章将聚焦剪映的两大核心工具：直观的动画预设与自由的关键帧控制。通过夏日饮品动态混剪、节气国风动画等具体案例，手把手带你实现从基础动效到高级动态设计的跨越，帮助你打造自然生动的视频动态效果。

9.1 动画

剪映中的"动画"是为视频、图片、文字、贴纸等元素添加动态效果的工具，通过控制元素的出现、消失或持续运动，让画面更生动、信息传递更直观。

本节主要剖析添加动画的操作流程，并通过夏日饮品动态混剪案例，展示如何用基础动画快速提升日常视频的商业质感与吸引力。

9.1.1 添加动画

如果我们想为某段视频素材添加动画效果，那么可以选中该段素材，单击底部工具栏中的"动画"按钮▣（见图9-1），打开"动画"面板。剪映将动画分为三类，覆盖元素从出现到消失的全过程。

1. 入场动画

入场动画用来控制元素如何进入画面。可以通过手指滑动来浏览动画缩略图。单击某种效果，即可将其添加在视频画面中并进行预览。还可以拖动时间条左端的蓝色滑块控制入场动画时长，如图9-2所示。

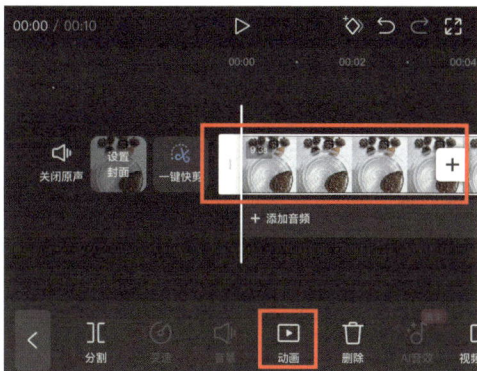

图9-1

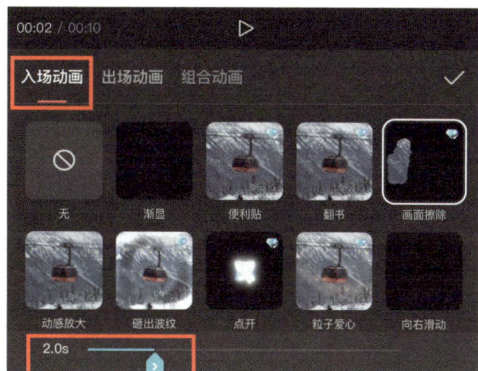

图9-2

2. 出场动画

出场动画用来控制元素如何退出画面。其操作方法与入场动画类似。不同的是，拖动时间条右端的红色滑块控制出场动画时长，如图9-3所示。

3. 组合动画

组合动画让元素持续运动，保持动态效果，如图9-4所示。入场动画和出场动画只能分别添加在素材的开端和结尾，无法重复；而组合动画是添加在整段素材上，可以让素材产生循环的动画效果，比如图标循环闪烁、水波纹持续波动等。

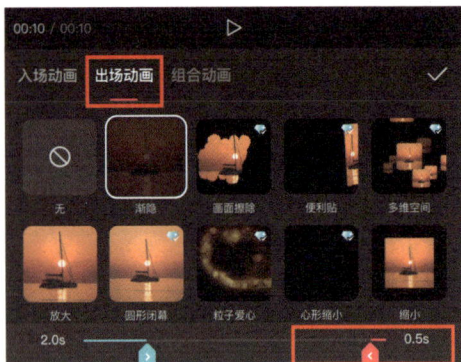

图9-3

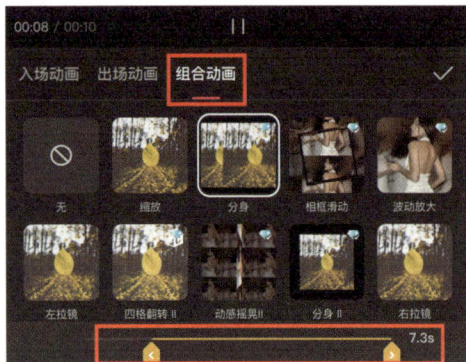

图9-4

9.1.2 实操案例：夏日饮品动态混剪

在一些商品推广的关键时期，商家常常面临这样的挑战：静态的产品图片或单一场景视频存在画面缺乏动态冲击力、氛围感不足、信息传递节奏拖沓等问题，导致品牌曝光度和用户兴趣难以有效提升。尤其当目标受众是追求新鲜感与沉浸体验的年轻人时，以传统展示方式的视频极易被快速"划走"。

本节实操案例将以夏日饮品为例，组合使用动画、滤镜、画面特效，将一组看似普通的夏日饮品照片混剪成一段节奏明快的动态视频，从而突破静态素材的限制。具体的操作步骤如下。

01 打开剪映 App，在开始界面单击"开始创作"按钮[+]，导入多张饮品照片。选中第一个素材，拖动后面的白色边框，将素材的持续时长缩短为 1.8s，如图 9-5 所示。照此方法，将其余素材的时长都缩短为 1.8s，如图 9-6 所示。

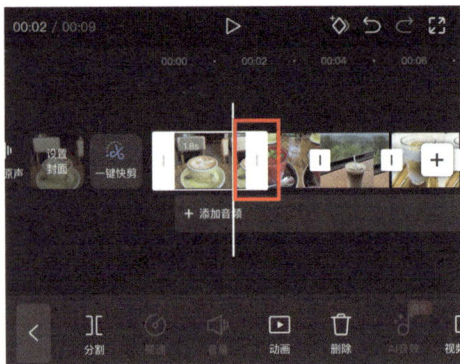

图9-5

图9-6

02 在不选中任何素材的情况下，单击底部工具栏中的"滤镜"按钮[⊗]，如图 9-7 所示。在打开的滤镜二级工具栏中单击"新增滤镜"按钮[⊗]，如图 9-8 所示。

03 在打开的"滤镜"面板中，选择"美食"分类中的"鲜美"滤镜，如图 9-9 所示。在时间轴中，便新增了一条"鲜美"滤镜素材。选中该滤镜素材，将右边的白色边框拖至整个时间轴结尾，如图 9-10 所示。这样能让该滤镜作用于所有素材，如图 9-11 所示。

图9-7

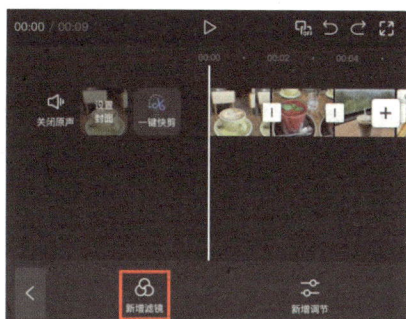

图9-8

图9-9

图9-10

图9-11

04 在不选中任何素材的情况下，单击底部工具栏中的"特效"按钮，如图 9-12 所示。在打开的特效二级工具栏中单击"画面特效"按钮，如图 9-13 所示。

图9-12

图9-13

05 在打开的"画面特效"面板中，选择"边框"分类中的"手绘边框"特效，如图 9-14 所示。

在时间轴中，便新增了一条"手绘边框"特效素材。选中该特效素材，将右边的白色边框拖至整个时间轴结尾，如图 9-15 所示。此时，该特效便作用于所有素材了，如图 9-16 所示。

图9-14

图9-15

图9-16

06 选中第一个素材，单击底部工具栏中的"动画"按钮▣，如图 9-17 所示。在打开的"动画"面板中，选择"组合动画"分类中的"缩放"动画，将其时间调整为1.8s，单击✓按钮保存，如图 9-18 所示。用同样的方法，为其余素材添加该动画效果。

图9-17

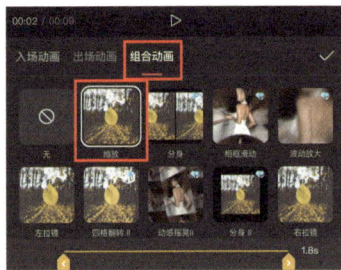

图9-18

07 进一步为视频添加喜欢的音乐和音效，最终效果如图 9-19 至图 9-21 所示。

图9-19

图9-20

图9-21

如果说剪映中的动画功能是一种预设的运动效果，可以供创作者直接选择应用，那么关键帧则允许创作者自定义素材的属性变化，让运动更加地自由和灵活。

9.2.1 什么是关键帧

前文提到，我们平时看到的短视频、电影、动画等影像都是由一张张连续的图像组成的。一幅静止的图像被称为一帧，帧是影像中最小单位的单幅影像画面。关键帧，则是指角色、物体运动或变化中的关键动作所处的那一帧。如果给角色或者物体前后两个不同的关键状态标记上关键帧，剪映就能自动地计算出中间的变化状态，最终呈现出连贯的动作或者状态，如图 9-22 所示。

图9-22

下面我们通过一个画面渐显的出场效果来讲解关键帧的具体添加方法。选中需要设置关键帧的素材，单击底部工具栏中的"不透明度"按钮，如图 9-23 所示。将时间线移动到视频的起始位置，在打开的"不透明度"面板中，拖动滑块，将数值调整为 0，单击时间轴上方的"添加关键帧"按钮，如图 9-24 所示。

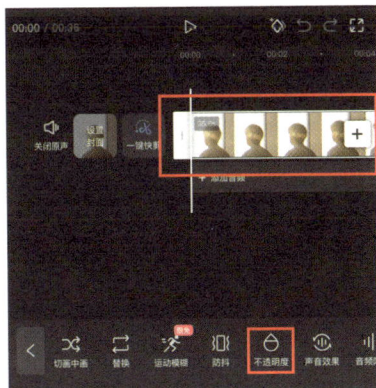

图9-23

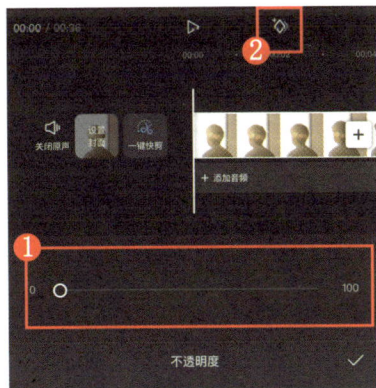

图9-24

操作完成以后，视频轨道上会出现关键帧标记，如图 9-25 所示。将时间线移动到 00：02 的位置，拖动滑块，将数值调整为 100，这时剪映会自动在该位置标记一个新的关键帧，如图 9-26 所示。播放该视频可以看到，剪映为该视频自动添加了从透明到不透明的渐变效果。

图9-25

图9-26

9.2.2　关键帧的五种创作手法

实际的创作中，利用关键帧可以实现很多的创意手法。下面介绍五个比较常见的关键帧运用案例。

1. 模拟运镜效果

我们可以为照片或者固定镜头添加关键帧，以模拟摄像机推拉摇移等物理运镜效果。选中素材后，双指张开适当地将画面放大一些，单击时间轴上方的"添加关键帧"按钮◇，记录下当前的位置，如图 9-27 所示。将时间线移动到几秒以后，将画面整体向左移动，此处自动记录一个新的关键帧，如图 9-28 所示。播放该素材，即得到摄像机从右向左平移的效果。

图9-27

图9-28

如果为拍摄的照片在起始帧位置添加关键帧，调整缩放值为 150%（见图 9-29），在几秒钟以后将其缩放至原图大小（见图 9-30），则实现镜头拉远的效果。

图9-29

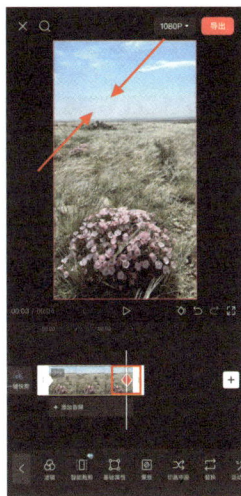

图9-30

2. 调色关键帧

关键帧控制的不仅仅是运动，还可以控制很多属性的变化。在一段素材起始帧的位置，将其饱和度降低，添加关键帧，如图 9-31 所示。将时间线移动到视频后半段，将饱和度调整回原值，此处自动记录一个新的关键帧，如图 9-32 所示。画面将呈现出由灰白变成彩色的效果。

图9-31

图9-32

3. 音量关键帧

第 5 章中的音频淡入淡出效果也可以通过关键帧来实现。在选中某段音频素材的情况下，单击底部工具栏中的"音量"按钮，如图9-33所示。在打开的"音量"面板中，拖动滑块将音量大小调节至0，单击时间轴上方的"添加关键帧"按钮，记录当前的音量，如图9-34所示。将时间线滑块拖动到几秒钟以后，将音量调整回原值，如图9-35所示，即可产生声音从无到有的淡入效果。

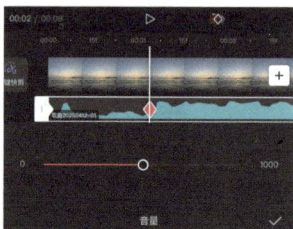

图9-33   图9-34   图9-35

4. 文字和贴纸动画

剪映中自带的花字和贴纸同样可以在关键帧的辅助下，产生出有趣的动画效果。分别选中文字和贴纸素材，单击时间轴上方的"添加关键帧"按钮，记录下当前文字和贴纸的位置、角度，如图9-36和图9-37所示。将时间线移动到末尾帧，调整文字和贴纸的位置、角度，就可以得到飞机带着文字穿越天空的动画，如图9-38和图9-39所示。

图9-36   图9-37   图9-38   图9-39

5. 蒙版动画

添加蒙版以后，还可以利用关键帧控制蒙版形状的改变，制作丰富的蒙版动画。主轨道有一段主角行走在街道的视频，此时将一张黑底白字的图片添加到画中画轨道，如图9-40所示。选中画中画素材，单击底部工具栏中的"混合模式"按钮，在打开的"混合模式"面板中选择"滤色"模式，单击右下角的按钮保存操作，如图9-41所示。然后为画中画素材添加"线性"蒙版，将蒙版的方向调整为90°，如图9-42所示。

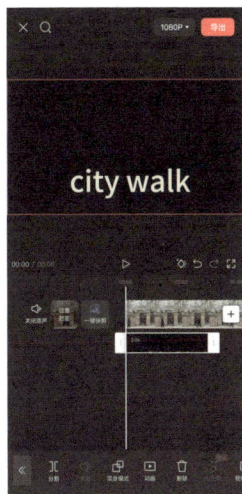
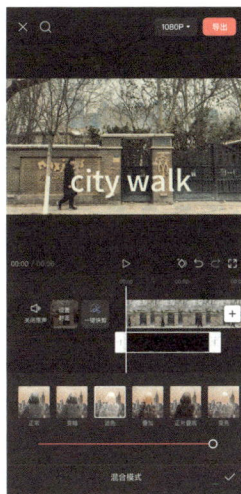
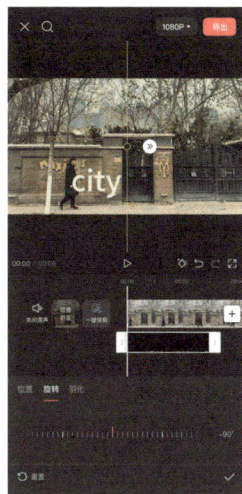

图9-40　　　　　　　　　　图9-41　　　　　　　　　　图9-42

将时间线移动到视频起始位置，在预览区中将"线性"蒙版移动至主角身后，单击时间轴上方的"添加关键帧"按钮，记录当前蒙版的位置，如图 9-43 所示。向后拖动时间线，播放视频，不断地调整画中画的蒙版，使其始终保持在主角身后，剪映会自动记录蒙版位置的改变，添加上关键帧，如图 9-44 和图 9-45 所示。这样就完成了主角行走时逐一亮出身后文字的动画。

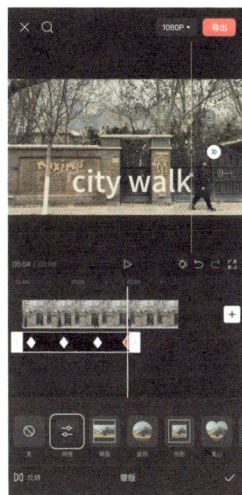

图9-43　　　　　　　　　　图9-44　　　　　　　　　　图9-45

9.2.3　实操案例：手机实现希区柯克变焦

希区柯克变焦是一种电影摄影技术，通过同时改变摄像机焦距和移动摄像机位置来创造扭曲的空间感，还可用于增强紧张感。这种效果在很多电影镜头中得到广泛应用。

本节将利用关键帧为手机拍摄的视频制作一个模拟希区柯克变焦的效果。具体的操作步骤如下。

01 开始制作前，需要准备一段场景具有纵深感，摄像机稳定后退（也可以是向前）的素材。打开剪映 App，在开始界面中单击"开始创作"按钮➕，导入这段视频素材。

02 选中该素材，将时间线移动到视频开头，单击底部工具栏中的"定格"按钮▣，如图 9-46 所示。此时，开头这一帧的画面生成了一张时长为 3s 的静帧图片。选中该图片，单击底部工具栏中的"切画中画"按钮⤬（见图 9-47），生成的图片就被放置到画中画轨道，如图 9-48 所示。

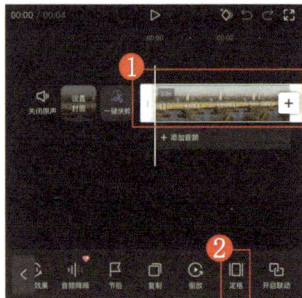
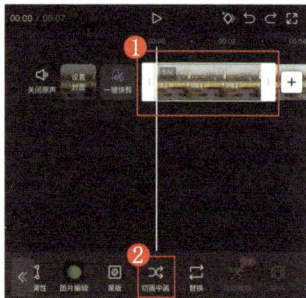
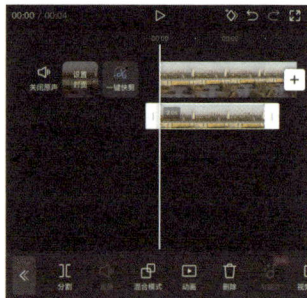

图9-46　　　　　　　　　图9-47　　　　　　　　　图9-48

03 将画中画素材移动到主轨道下方，与原视频结尾处对齐。将时间线移动到视频开头处，选中主轨道视频，单击时间轴上方的"添加关键帧"按钮◈，如图 9-49 所示。

04 将时间线移动到视频结尾，选中画中画素材，单击底部工具栏中的"不透明度"按钮◔，如图 9-50 所示。在打开的"不透明度"面板中，将不透明度数值降低到 50，如图 9-51 所示。

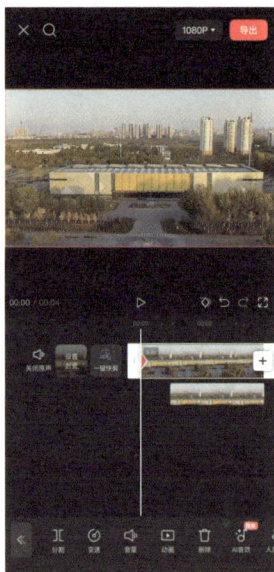
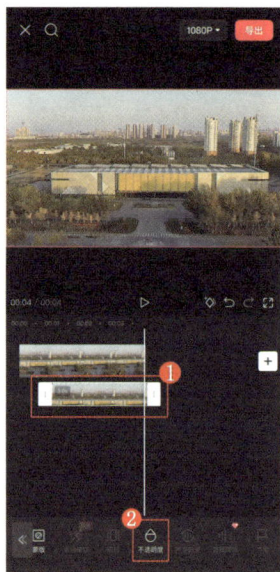

图9-49　　　　　　　　　图9-50　　　　　　　　　图9-51

05 依然将时间线放在视频结尾，选中主轨道视频，双指张开放大视频，使视频中主体的虚影互相重合，如图 9-52 所示。在调整完毕后，关键帧也会自动生成，如图 9-53 所示。然后选中画中画素材，单击底部工具栏中的"删除"按钮🗑，将其删除，如图 9-54 所示。

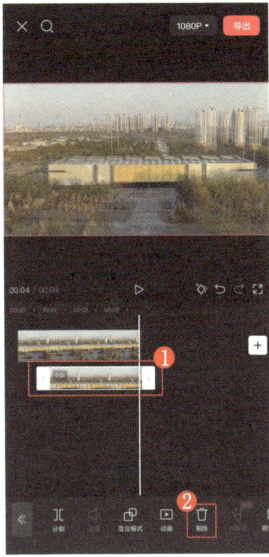

图9-52　　　　　　　　　　图9-53　　　　　　　　　　图9-54

06 最终效果如图 9-55 和图 9-56 所示。

图9-55　　　　　　　　　　　　　　　图9-56

9.2.4　实操案例：二十四节气国风动画镜面滑动

很多人看过以二十四节气为主题的国风动画视频，画面从春日麦田开始，镜面映照出桃花飘落、孩童嬉戏、麦浪翻滚、落叶飞舞以及白雪皑皑等节气景象，通过镜面滑动的创意形式展现四季变换，生动呈现自然与时间的流转之美，带你穿越春夏秋冬，在短短数分钟内领略中华文化的深邃魅力。

本案例准备的是几段国风动画，通过"镜面"蒙版、画中画、关键帧等功能，实现画面分屏和屏幕滑动效果。具体的操作步骤如下。

01 打开剪映 App，在开始界面中单击"开始创作"按钮 ，导入一组"立春"动画截图，如图 9-57 所示。

02 将时间线滑动至视频开头，在不选中任何素材的情况下，单击底部工具栏中的"音频"按钮 ，如图 9-58 所示。在打开的音频二级工具栏中单击"音乐"按钮 ，如图 9-59 所示。

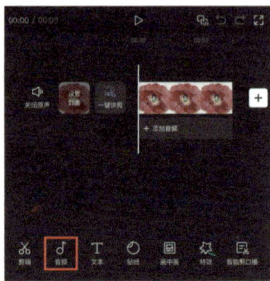

图9-57

图9-58

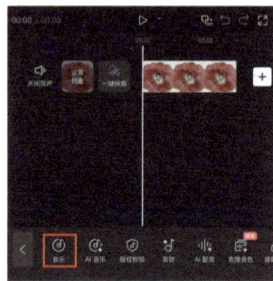

图9-59

03 在打开的剪映音乐素材库中，选择合适的音乐添加到轨道中，如图 9-60 所示。选中新添加的音乐，单击底部工具栏中的"节拍"按钮 ▣，如图 9-61 所示。在打开的"节拍"面板中，单击"自动踩点"按钮，为音乐自动加上节拍点，如图 9-62 所示。

图9-60

图9-61

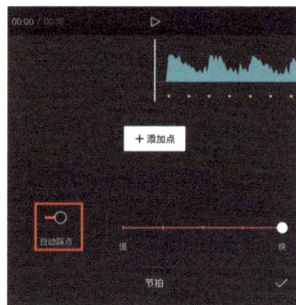

图9-62

04 回到主轨道以后，我们会发现音频下方也出现了黄色节拍点，方便我们以此为参考添加素材。此时，将时间线移动到第三个节拍点的位置，选中主轨道素材，单击底部工具栏中的"复制"按钮 ▣，将图片复制一次，如图 9-63 所示。

05 选中新复制的图片，单击底部工具栏中的"切画中画"按钮 ⬚，如图 9-64 所示。新复制的图片切换到画中画轨道后，将其与主轨道图片对齐，如图 9-65 所示。

图9-63

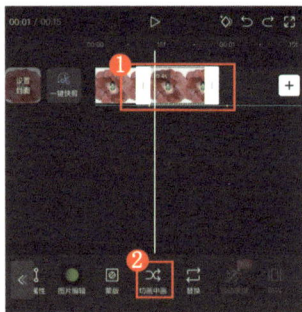

图9-64

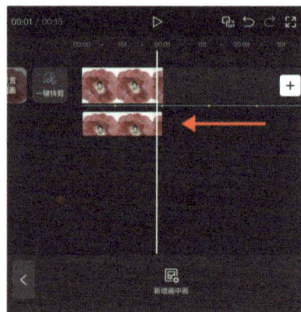

图9-65

06 选中主轨道图片，单击底部工具栏中的"调节"按钮 ▣，如图 9-66 所示。在打开的"调节"

面板中，向左拖动饱和度滑块，将饱和度数值降低到 -50，如图 9-67 所示。

07 回到主轨道后，选中画中画图片，单击底部工具栏中的"蒙版"按钮 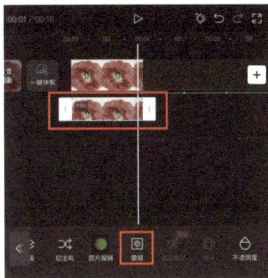，如图 9-68 所示。

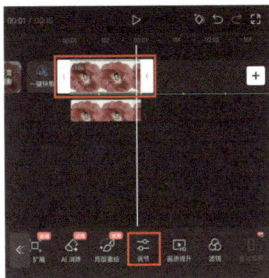

图9-66　　　　　　　　　图9-67　　　　　　　　　图9-68

08 在打开的"蒙版"面板中，选择添加"镜面"蒙版，如图 9-69 所示。双指长按画面进行旋转，将蒙版调整至 -60° 的角度，同时也可以适当调节蒙版大小，如图 9-70 所示。此时将时间线移动到视频起始帧位置。将蒙版移动到画面最左边，如图 9-71 所示，单击时间轴上方的"添加关键帧"按钮 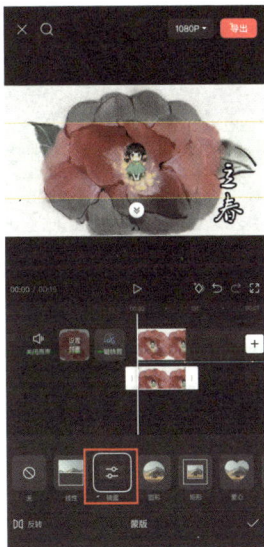，记录当前蒙版的位置。

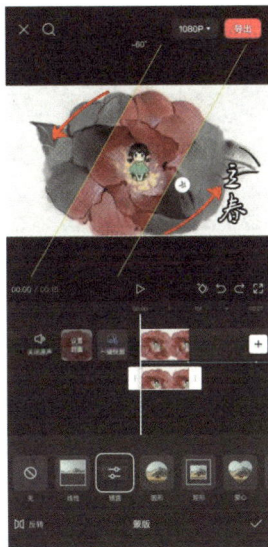

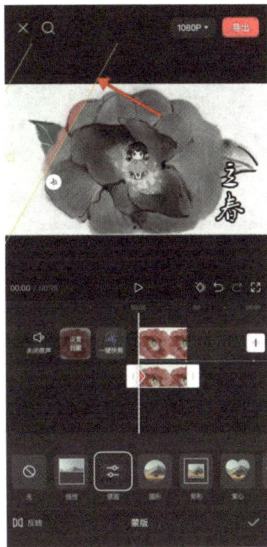

图9-69　　　　　　　　　图9-70　　　　　　　　　图9-71

09 将时间线向后拖动几帧，将蒙版移动到主体出现的位置，如图 9-72 所示。接着将时间线移动到图片后半段位置，将蒙版移动到图 9-73 所示的位置。最后将时间线移动到图片末尾帧，将蒙版移动出画，如图 9-74 所示。每次移动蒙版的位置，剪映都会自动添加新的关键帧。

10 选中画中画图片，单击底部工具栏中的"复制"按钮 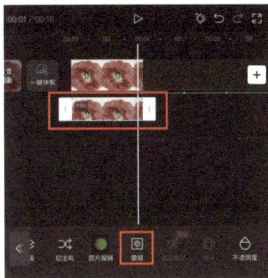，将画中画图片复制一次，如图 9-75 所示。选中新复制的画中画图片，拖动到下方轨道并与其他轨道对齐，然后单击底部工具栏中的"替换"按钮 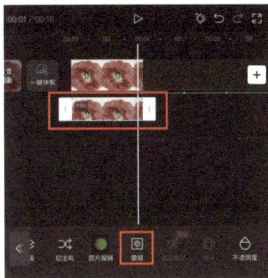，如图 9-76 所示。从素材库中找一张同尺寸的黑色图片将原图片替换掉，如图 9-77 所示。

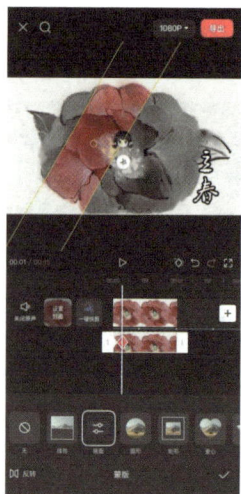

图9-72

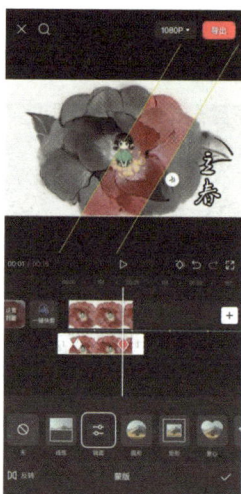

图9-73

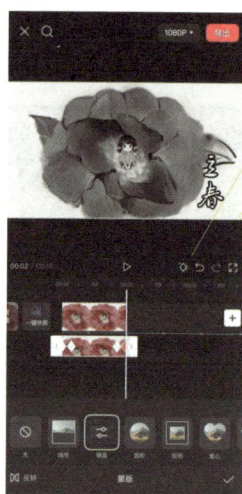

图9-74

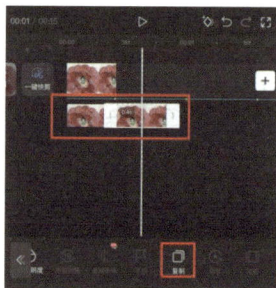

图9-75

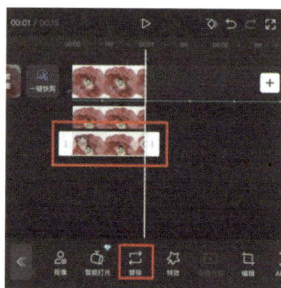

图9-76

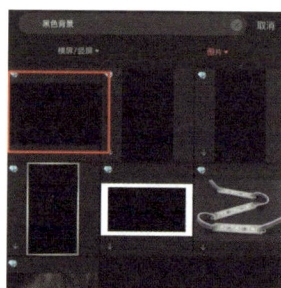

图9-77

11 选中画中画轨道中的黑色图片，单击底部工具栏中的"层级"按钮◈，如图 9-78 所示。在打开的"调整层级"面板中，将黑色图片置于最底层，如图 9-79 所示。

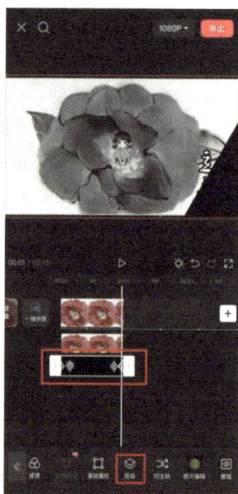

图9-78

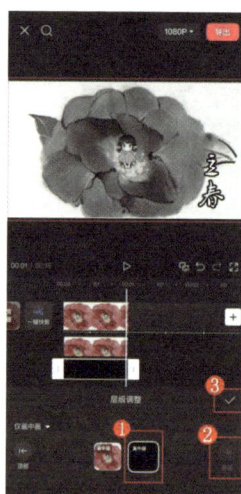

图9-79

12 选中画中画轨道中的黑色图片，单击底部工具栏中的"基础属性"按钮▣，如图 9-80 所示。在打开的"基础属性"面板中，将图片轻微放大，缩放值调整到 103 左右，使蒙版的黑边更加明显。接着将蒙版的羽化值调整到 3 左右。以此类推，将所有 4 个关键帧的缩放和羽化值都进行相同的调整，如图 9-81 和图 9-82 所示。

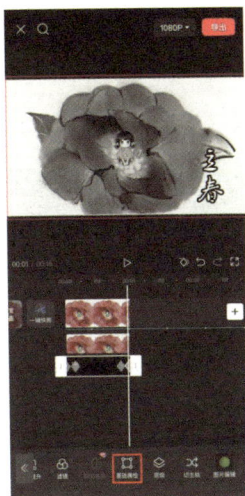
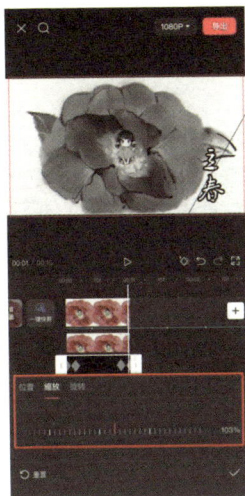

图9-80　　　　　　　　　　图9-81　　　　　　　　　　图9-82

13 在完成对所有帧的优化后，回到主轨道，单击底部工具栏中的"新增画中画"按钮▣，导入一张黑色图片，如图 9-83 所示。选中新增的画中画黑色图片，单击底部工具栏中的"蒙版"按钮▣，为其添加一个"镜面"蒙版，并将其反转，如图 9-84 所示。这样就得到上下方的两个黑条，如图 9-85 所示。

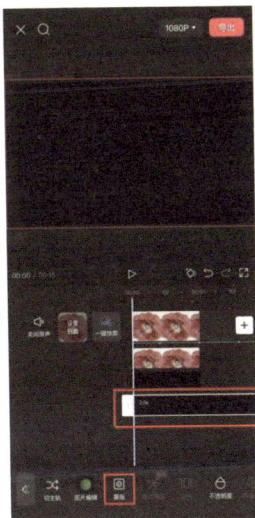
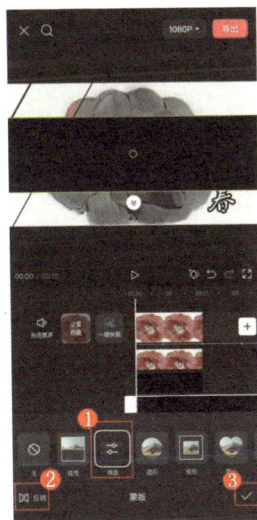
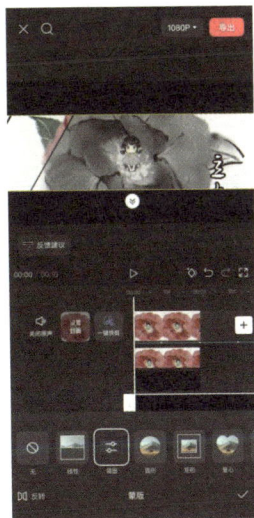

图9-83　　　　　　　　　　图9-84　　　　　　　　　　图9-85

14 双指滑动蒙版，调整蒙版大小，使上下的黑色图片只在画面中各留出一条小黑边，如图 9-86 所示。选中最新的画中画黑色图片，单击底部工具栏中的"层级"按钮◈，在打开的"调整层级"面板中，将其放置在中间层，如图 9-87 和图 9-88 所示。

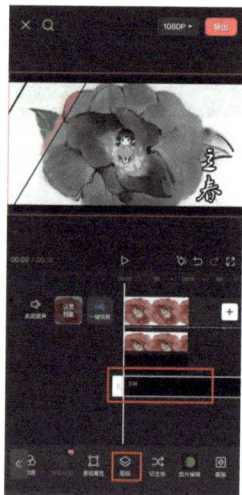
图9-86

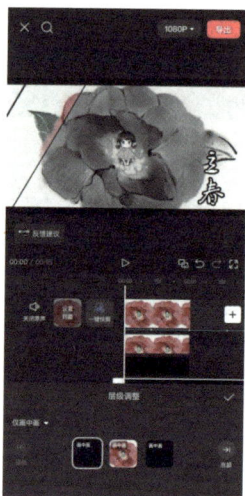
图9-87

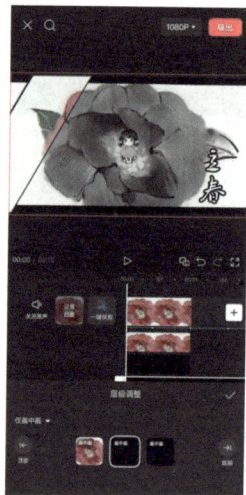
图9-88

15 至此，一张图片的镜面滑动蒙版效果就做好了。将该组添加完动画效果的图片，按照节拍点多复制几组，替换图片，就可以得到一个完整的蒙版动画。最终效果如图 9-89 至图 9-91 所示。

图9-89

图9-90

图9-91

9.3 用剪映专业版制作动画

当创作者需要更细腻的控制、处理更复杂的动态效果或配合完成专业项目时，剪映专业版提供了更强大的工具。它在动画功能上与手机版类似，但操作界面和参数调节更灵活高效，尤其适合精细的关键帧创作。

9.3.1 动画效果

如果我们想在剪映专业版中为某段视频素材添加动画效果，那么可以在时间轴里选中该段素材，在右上角的属性区中，单击切换至"动画"属性区，如图 9-92 所示。和剪映 App 类似，剪映专业版也将也动画分为三类，覆盖元素从出现到消失的全过程。

图9-92

　　单击任一动画效果的缩略图，即可为选中的素材添加该动画。同时，该素材的轨道上还会出现一个箭头符号，如图9-93所示。

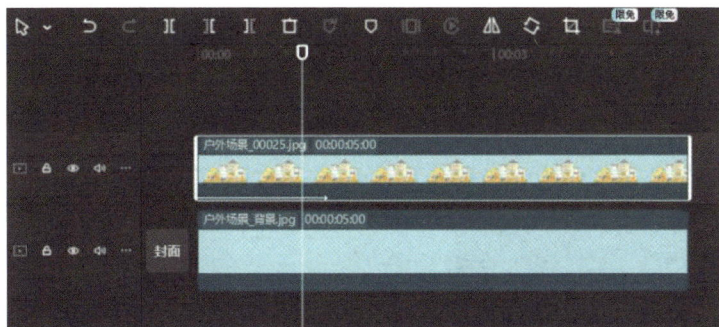

图9-93

9.3.2　关键帧动画

　　相较于剪映App，剪映专业版的关键帧添加位置与操作逻辑有很大的不同。剪映App中，在时间轴上选中素材，将时间线移动到相应位置后，需要单击时间轴上方的"添加关键帧"按钮◇。只有选中素材后，该关键帧按钮才会出现，如图9-94所示。由于剪映App注重快捷操作，其属性是联动的，即调整完多个属性后，统一添加一个关键帧。而剪映专业版中，添加关键帧的位置在右上方的属性区中。很多属性的后方都带有关键帧的菱形按钮，单击这些按钮可以为属性单独设置关键帧，控制更加精细，如图9-95所示。

图9-94

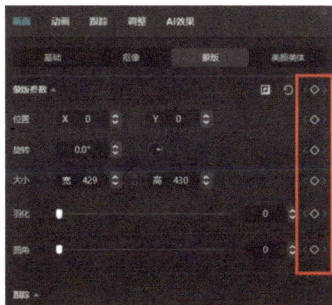

图9-95

181

　　具体操作方法是，将时间线定位到目标位置，单击属性右侧的关键帧按钮，手动添加关键帧，如图 9-96 所示。然后移动时间线，修改属性值，或者直接在预览区中对素材进行调整，系统将自动在时间轴上生成新的关键帧，如图 9-97 所示。选中关键帧，单击右键，则可以调整速度，这是剪映 App 中没有的功能，如图 9-98 所示。

图9-96

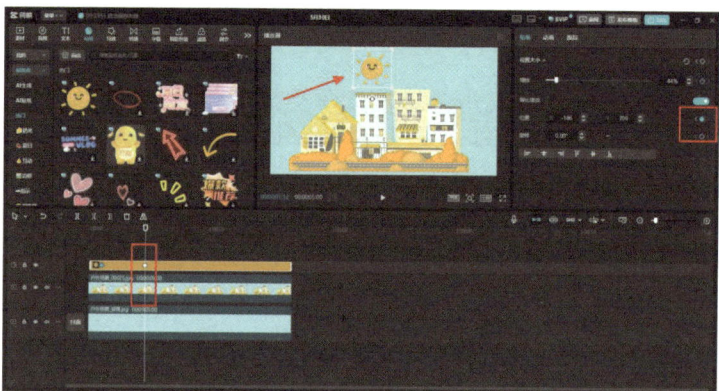

图9-97

图9-98

9.4 AI智能运镜：一键生成动态镜头

短视频内容爆发带来更高的用户需求，创作者希望能够快速制作出专业效果的视频。而 AI 技术的发展使复杂运镜自动化成为可能。顺应这种趋势，剪映推出了智能运镜功能。智能运镜会分析视频内容，比如人物动作、音乐节奏等，自动调整镜头角度和焦点，生成模拟运镜效果。对于追求电影感运镜但缺乏专业剪辑经验的创作者，该功能大幅降低了技术门槛，特别适合舞蹈、访谈等场景。

我们需要为某段视频素材添加智能运镜效果时，可以选中该段素材，单击底部工具栏中的"镜头追踪"按钮 ，如图 9-99 所示。在打开的镜头追踪二级工具栏中单击"智能运镜"按钮 ，如图 9-100 所示。打开的"智能运镜"面板如图 9-101 所示。

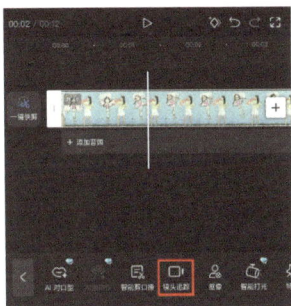
图9-99

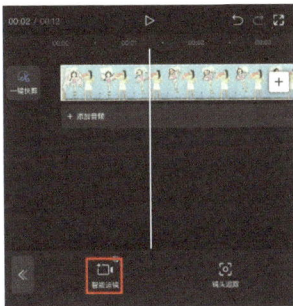
图9-100

图9-101

剪映提供了"动感""缩放""摇晃"和"柔和"四种运镜方式。单击"动感"运镜，能直接将其添加到视频上，运算完成后，主轨道的视频自动地添加上了关键帧，如图 9-102 所示。也可以单击运镜效果上的"调整参数"按钮 ，对其进行调节，如图 9-103 所示。

图9-102

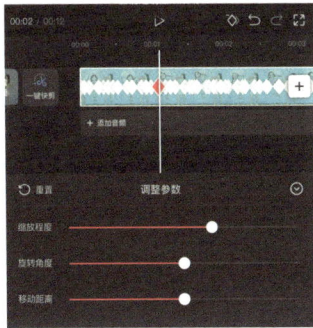
图9-103

选中该段素材，单击底部工具栏中的"镜头追踪"按钮 ，如图 9-104 所示。在打开的镜头追踪二级工具栏中，还提供了另外一个功能"镜头追踪"，如图 9-105 所示。单击"镜头追踪"按钮 ，可以打开"镜头追踪"面板。

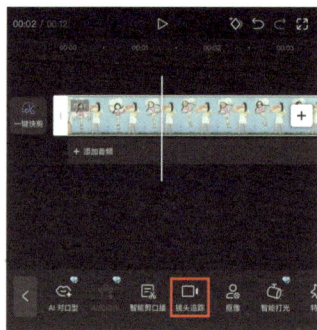

图9-104

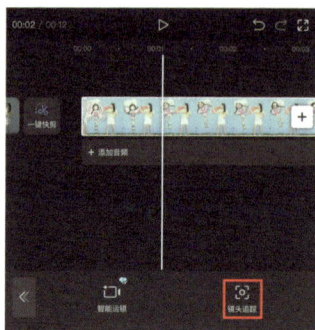

图9-105

　　镜头追踪功能会识别和跟踪画面中的主体。我们可以选择需要跟踪的身体部位，也可以选择自定义跟踪。在预览区中，将跟踪框放置在特定的位置，如图9-106所示。单击"开始"按钮以后，剪映将捕捉跟踪框区域的位置，添加上相应的关键帧，如图9-107所示。

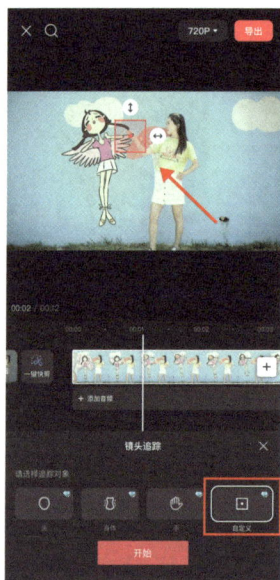

图9-106

图9-107

9.5 知识拓展：视觉元素的运动法则

　　本章讨论的是运动的问题。我们可以发挥自己天马行空的想象力，运用剪辑软件提供的工具，让文字、贴纸、图形等视觉元素呈现丰富的动态效果。尽管创意是没有任何限制的，但是我们依然要遵循一些最基本的动画原理和法则。这些原理和法则都是动画大师们从各自的工作中总结出来的。掌握了它们，就能帮助我们让视觉元素动得更加好看、更加自然。

1. 缓出缓入

物体在运动的时候，通常并不能直接全速前进。物体的运动一般会经过"启动—加速—减速—停止"的过程，最明显的例子就是汽车的前进。如图 9-108 所示，汽车启动的时候会有一个缓缓加速的过程，当需要停下来的时候，也会缓缓地减速，直至速度降低至 0，完全停止下来。剪映的动画都提供了缓入缓出的效果，可以模拟制作出我们所需要的效果。

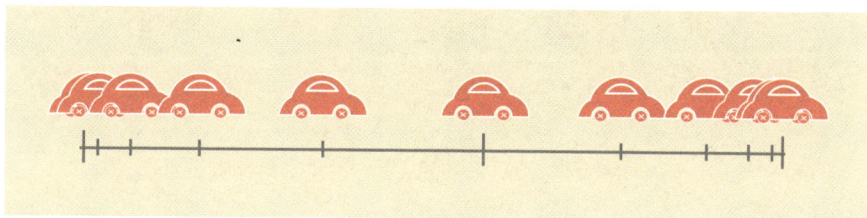

图9-108

2. 预备动作

大多数形象生动的动作发生之前，都有一个小幅度的反向动作，这个动作叫作预备动作。例如，棒球手在投掷棒球之前，都会身体后倾、手臂后甩，通过这样一个预备动作获得更多的能量，紧接着再把手臂往前一挥，将球扔出去，整个过程看起来充满活力、极具力量感。

例如，图 9-109 中的电影场记板小图标，需要做一个开合的小动画。如果只是在首尾加上两个关键帧，做出直接闭合的动作，那么动画看起来就会非常平淡，没有什么吸引力。因此，可以在中间多加上一个关键帧，让场记板有一个反方向打开的预备动作，然后再闭合场记板。为了让动作呈现出节奏感，可以将前两帧的间距拉开，让动作放缓。将后两帧间距缩小，给动作一个加速度。这样，场记板缓缓地打开，积蓄能量，突然"砰"地一下迅速合上，整个过程就变得更加生动有趣。

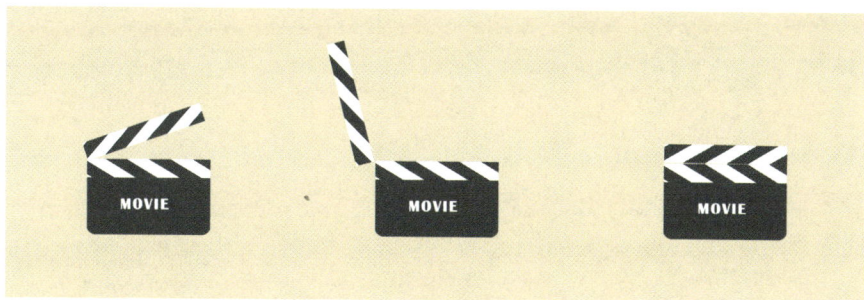

图9-109

3. 跟随动作

当一个主物体运动时，与之有连接的附属物不会和主物体同时开始运动，也不会和主物体在同一时间停止运动。附属物会在主物体的作用之下产生运动，但是它的动作会有所延迟，这种动作叫作跟随动作。例如，一个扎着马尾的女生在跑步的时候，她的头发会跟着头一起甩动，当她突然停了下来，她的头发肯定不会马上停止摆动。动画师们把这个广泛存在于真实世界中的物理现象提炼为动画创作的重要法则，用来帮助大家制作出更加逼真、生动的动画。如图9-110所示，在提着灯笼向前走的动画中，灯笼上的配件会跟着一起移动，但是动作会逐渐延迟。

图9-110

4. 二级动作

为了让角色或者图形的动作更加有层次感和真实感，通常要为主要动作设计一些辅助动作，即二级动作。如图9-111所示，路灯倒地是主要动作，随后添加一个灯泡跌落的动作，表现路灯倒地时的撞击力比较大。需要注意的是，二级动作是作为辅助动作出现的，它的出现应该是恰到好处，不能太过突出，否则反而弱化了主要动作。

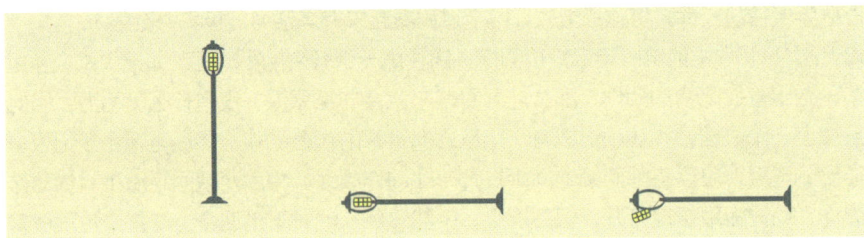

图9-111

第 10 章

转场：短视频一气呵成的秘密

转场是视频场景过渡的重要技术，如同文章中的标点符号，既能分隔段落，又能串联逻辑。它通过视觉、听觉的连贯性设计，消除生硬的剪辑痕迹，实现视频段落间的自然衔接。本章将解析转场的核心逻辑，并通过实操案例，教你打造无缝衔接的视听体验。

10.1 什么是转场

在影视作品中，段落与段落、场景与场景之间的过渡或转换，叫作转场。电影的最小单位是镜头，一个个镜头连接在一起形成的镜头序列，构成一个蒙太奇句子。若干个蒙太奇句子组成一个情节段落或者场景，而多个情节段落则组成一部完整的、有叙事逻辑的影视作品，如图10-1所示。

图10-1

转场是内容发展到一定程度的要求。就像写文章一样，一句话写完，自然要有句号；一个章节暂告结束，自然要另起一章。在影视作品中，场景间的转换、时间的变化、一段情节的结束，都涉及转场。段落的划分和转换，是为了使内容的条理性更强，层次的发展更清晰。

而在短视频中，尽管时长较短，转场处理看似更加微小，但它却承担着叙事连贯、节奏控制和情绪渲染的作用。对于观众而言，段落的转换要依据一定的视觉和心理要求，就是心理的隔断性和视觉的连续性。

所谓心理的隔断性，是让观众有比较明确的段落感觉，知道上一段内容到这里结束，下面该开始另一段内容了，这样才不至于使观众看不出头绪。特别是短剧中，由于时长较短，它很少有完整事件、人物的贯穿，很少能给观众非常具体的空间概念，如果不能使观众较明确地感到内容的隔断，就很容易犯层次不清、逻辑混乱的错误。所谓视觉的连续性，就是利用造型因素和转场手法，使观众在视觉上感到场景与场景之间、段落与段落之间的过渡自然、顺畅，如图10-2所示。

图10-2

在一些碎片化素材组成的Vlog中，则要强调视觉的连贯性，弱化心理的隔断性。因为上下内容之间有较直接的联系，即使镜头内容有所变化，其内在意义也是连续而非割裂的。这时，剪辑就应利用画面的相似性、内容的逻辑性、动作的连贯性来弥合内容的断裂感，使整体叙事更为流畅。

而短剧叙事段落间的转换，则应在加强心理隔断性的同时，减弱视觉的连续性，也就是形成"另起一段"的效果，利用定格、突变、两极镜头等方法，造成明显的段落感。知道了不同的目的，就可以寻求适当的转场方法了。

> **提示**
>
> 为视频增加转场效果，可以达到如下效果。
>
> ➢ 提升叙事的连贯性：通过镜头过渡技巧填补场景跳跃的空白，例如在旅行 Vlog 中，用推拉镜头模拟视角移动，使不同景点的切换自然流畅。
>
> ➢ 引导情绪与氛围：快速切换转场可制造紧张感，适用于悬疑或运动类视频；缓慢溶解的转场则适合回忆、伤感场景。
>
> ➢ 增加视觉表现力：特效转场如粒子爆炸、3D 翻转等，能直接吸引观众注意力，常见于产品展示或片头设计。

10.2 转场的类型

转场的方法是多种多样的，依据手法的不同分为两类：一类是用特效手段作转场；另一类是用镜头自然过渡作转场。前者叫作技巧转场，而后者叫作无技巧转场。

10.2.1 技巧转场

技巧转场是借助剪辑软件的后期特效（如淡入淡出、划像、翻转等）实现场景过渡的方式，强调视觉冲击或情感表达。

1. 基础转场

基础转场包括"叠化""闪黑""滑动"等，如图 10-3 至图 10-5 所示。此外，还有溶解、淡入淡出、缩放、旋转等多种转场方式。

图10-3

图10-4

图10-5

2. 创意转场

创意转场包括"故障扫描""漫画撕纸"和"长曝光"等，如图10-6至图10-8所示。此外，还有万花筒、光效撕裂等转场方式。

图10-6

图10-7

图10-8

10.2.2　无技巧转场

无技巧转场是指不过多依赖特效手段，而是通过镜头之间的逻辑来完成自然过渡，通俗地讲就是硬切。前后拼接的镜头并不是无意识或者随机地选择，而是寻找画面里合理的转换因素和恰当的造型，对镜头进行剪辑，再拼接在一起，从而非常自然地达到视觉上的连续性。

1. 相似转场

相似转场是指前后镜头中具有相似的主体形象，利用这种相似性将镜头组接起来，达到视觉连续、转场顺畅的目的。如图10-9所示，电影《2001太空漫游》的开头就借用骨头和航天器形状上的相似，完成了时空的转换。常见的相似转场如下。

- 形状的相似
- 颜色的相似
- 运动方向的相似

● 运动速度的相似　　　　● 声音的相似　　　　● 位置的重合

图10-9

2. 遮挡转场

遮挡转场是指上一个镜头结束时，主体走近摄像机，身体充满画面，把镜头全部挡黑。下一个镜头主体又从摄像机镜头前（也就是黑画面）走开，以实现时空的转换。如图 10-10 所示，电影《疯狂动物城》就借用前景物的遮挡，完成了两个场景的转换。

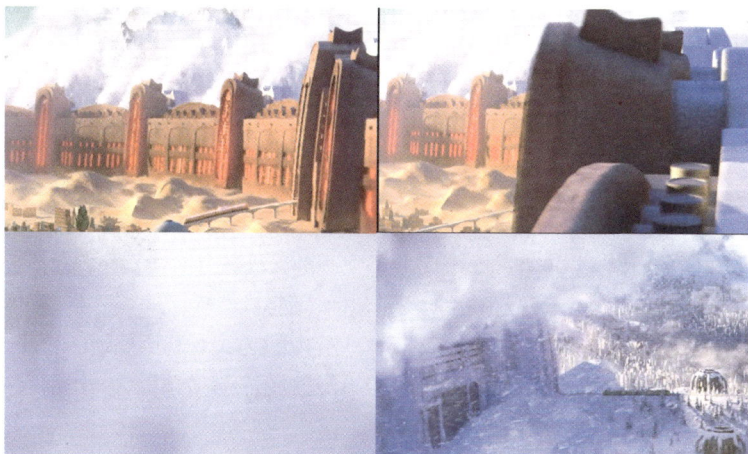

图10-10

3. 其他无技巧转场

（1）两级镜头转场：用景别相差很大的两个镜头（如"特写"接"全景"，"远景"接"特写"）作为前后两个场景的结尾和开头。通过两级镜头切换，制造视觉冲突，常用于强调场景突变或情绪转折。

（2）声音转场：利用环境音（如海浪声、翻书声）、人声对白等覆盖剪辑点，实现听觉连贯，弱化画面的跳跃感，适合自然过渡时空或情绪转换。

（3）空镜头转场：插入景物镜头进行转场，既可分隔叙事单元，又能通过象征性画面（如雨天隐喻悲伤）暗示时间或情感变化。

（4）运动转场：跟随主体运动方向切换画面，如人物向右行走时，下一镜头从左向右滑入。这种转场多用来模拟真实空间移动的连贯性。

（5）主观镜头转场：上一个镜头展示人物视线方向，下一个镜头展示其主观视角（如"看向窗外"接"窗外景色"），帮助观众代入角色视角。

（6）逻辑因素转场：通过内容的逻辑关系连接场景，如"切菜"接"炒菜"镜头、"开门"接"室内"场景。

10.3 剪映中的转场

剪映提供了多种预设的转场效果，如淡入淡出、渐变、遮罩等。这些效果可以直接应用于视频片段之间，实现流畅的过渡。

10.3.1 添加转场

1. 添加位置

将视频片段导入剪映的时间轴后，在两个素材片段之间的连接处，会出现"转场"按钮，如图10-11所示。单击此按钮，可打开"转场"面板。

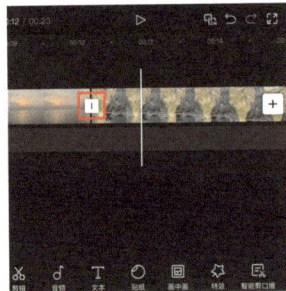

图10-11

2. 转场效果预览

在打开的"转场"面板中，包含了多种预设的转场效果，可以单击某个转场效果进行预览。如图10-12所示，"叠化"类别包括"叠加""雾化"等效果，这一类别的转场是通过画面元素融合实现自然过渡。如图10-13所示，"幻灯片"类别包括"翻页""相片切换"等效果，这一类别的转场是通过模仿幻灯片的切换方式，利用规则性的几何运动实现画面切换。如图10-14所示，"运镜"类别包括"推近""拉远"等效果，这一类别的转场是通过模拟专业镜头运动来衔接前后两个画面。

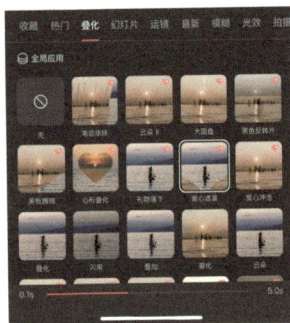

图10-12

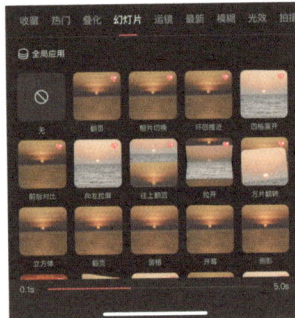

图10-13

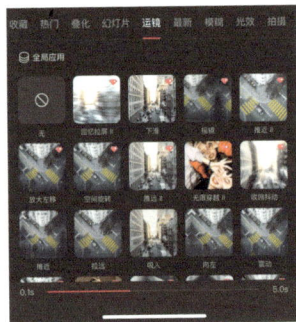

图10-14

3. 添加调整转场

单击选中的转场效果后，可拖动下方的滑块设置转场的时长。转场的时长默认为2s，最短为0.1s，也可拉长至5s。设置完成后，单击右上角的✓按钮保存，如图10-15所示。

4. 全局应用

在"转场"面板中，单击"全局应用"按钮▣，就能统一全片转场风格，但需手动调整特殊段落，如图 10-16 所示。

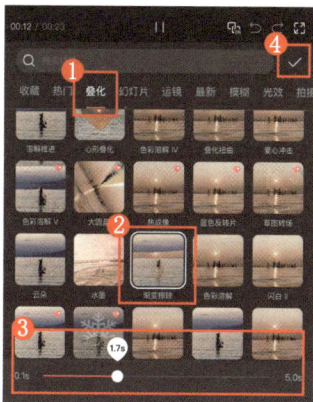

图10-15

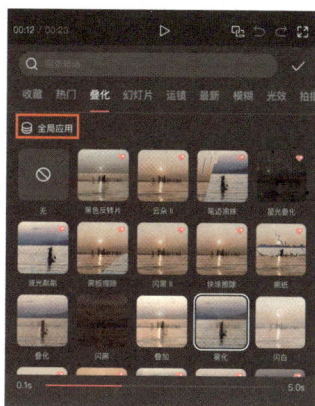

图10-16

> **提示**
>
> 一般来讲，0.5s 用于快节奏转场，2s 以上适用于慢节奏或者情感过渡，1s 的转场则较为通用。需要注意的是，滑动类的转场需要匹配画面运动方向。

10.3.2　实操案例：利用线性蒙版实现无缝转场

在视频剪辑中，我们常常需要展现时间的流逝或场景的转换，尤其是当同一个主角需要连贯地出现在不同时间、不同地点时。例如，想要讲述一个人物从白天繁华的街头走入夜幕下的城市，或者从室内突然步入广阔的户外。当然我们可以采用传统的硬切转场，也可以尝试运用一些特殊的手法让转场显得更加有趣。

本节将利用剪映中的线性蒙版，实现无缝转场效果。需要准备两段同一个人走路的视频，空间位置保持一致，场景不同。本案例是主人公白天进入地铁，场景切换至夜晚的户外。具体的操作步骤如下。

01　打开剪映 App，在开始界面单击"开始创作"按钮 ⊞，导入"进地铁"视频素材，如图 10-17 所示。

02　将时间线移动到车体刚好把画面全部封挡住的位置，在不选中任何素材的情况下，单击底部工具栏中的"画中画"按钮▣，如图 10-18 所示。在打开的画中画二级工具栏中，单击"新增画中画"按钮▣，在该处添加"夜晚行走"镜头至画中画，如图 10-19 所示。

03　为了方便在画中画轨道里，参照主轨道的画面移动添加蒙版，此处可以降低画中画的不透明度，将主轨道画面显示出来。选中画中画素材，单击底部工具栏中的"不透明度"按钮▣，如图 10-20 所示。在打开的"不透明度"面板中，将不透明度数值调低到 50，如图 10-21 所示。返回主轨道，选中画中画素材，单击底部工具栏中的"蒙版"按钮▣，如图 10-22 所示。

图10-17

图10-18

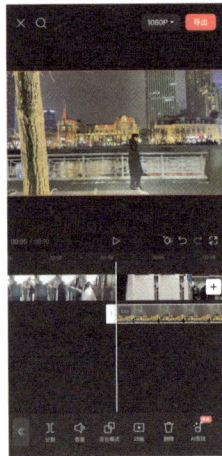

图10-19

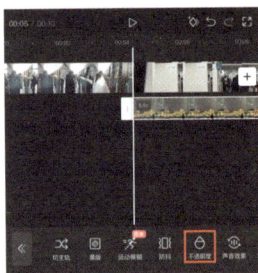

图10-20

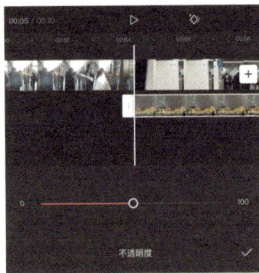

图10-21

图10-22

04 在打开的"蒙版"面板中，选择添加"线性"蒙版，如图 10-23 所示。单击"线性"蒙版上的"调整参数"按钮，在打开"蒙版参数"面板中，将方向调整为 90°，如图 10-24 所示。在预览区中，将"线性"蒙版移动到画面边缘与主轨道上地铁的车体对齐，单击时间轴上方的"添加关键帧"按钮，记录下当前蒙版的位置，如图 10-25 所示。

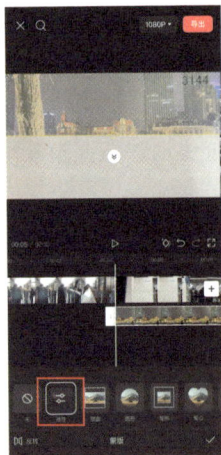

图10-23

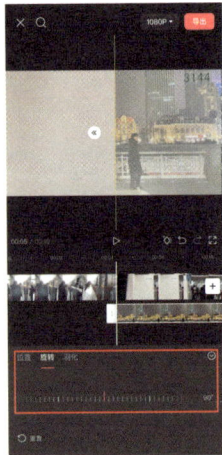

图10-24

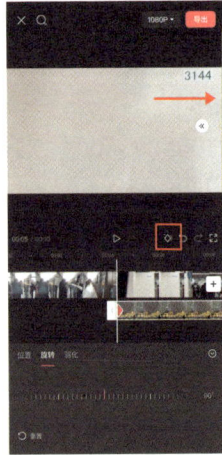

图10-25

05 向后拖动时间线，播放视频，不断地调整画中画的蒙版，使之与主轨道上的车体对齐，剪映会自动记录蒙版位置的改变，添加上关键帧，如图 10-26 至图 10-28 所示。

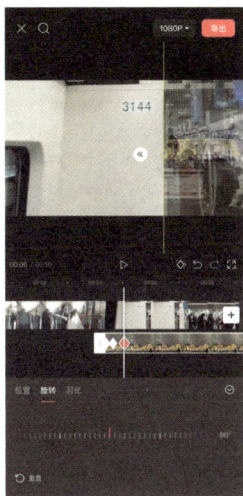  

图10-26　　　　　　　　　　图10-27　　　　　　　　　　图10-28

06 添加完毕后，选中画中画素材，单击底部工具栏中的"不透明度"按钮，如图 10-29 所示。在打开的"不透明度"面板中，将不透明度数值调回到 100，如图 10-30 所示。

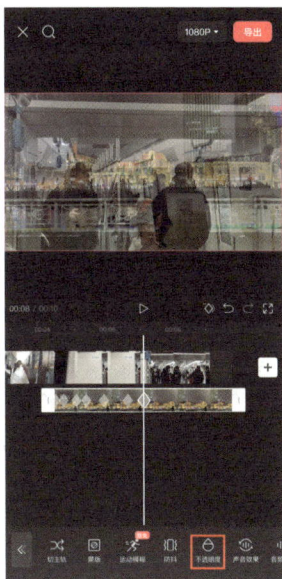 

图10-29　　　　　　　　　　　　　　　图10-30

07 最终效果如图 10-31 所示。镜头跟随主人公进入地铁，地铁车厢遮挡住画面又逐渐移开，场景随之切换到户外的夜景。

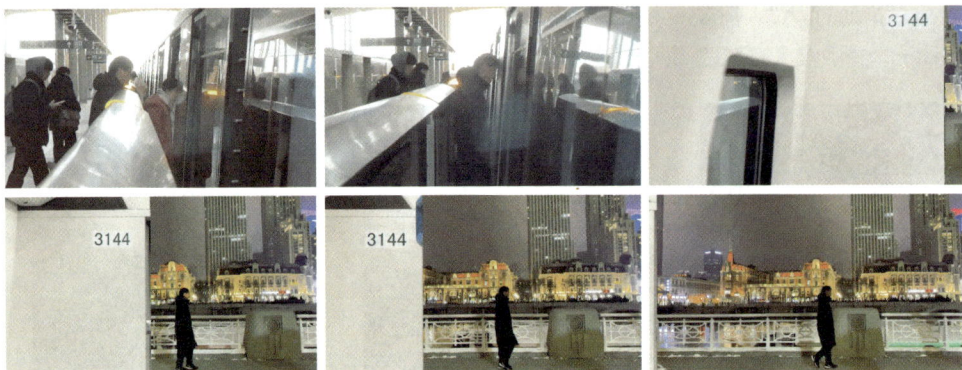

图10-31

10.4 用剪映专业版实现转场

本节将聚焦剪映专业版的转场操作方法，通过实操案例帮你用最简单的方法实现电影级过渡效果。

10.4.1 添加转场

进入剪映专业版的操作界面后，单击工具栏中的"转场"按钮，下方的素材区会随之切换到添加转场的界面。和剪映 App 一样，剪映专业版也提供了多种转场类型，可以在素材区左侧的选项卡中切换选择，如图 10-32 和图 10-33 所示。

图10-32

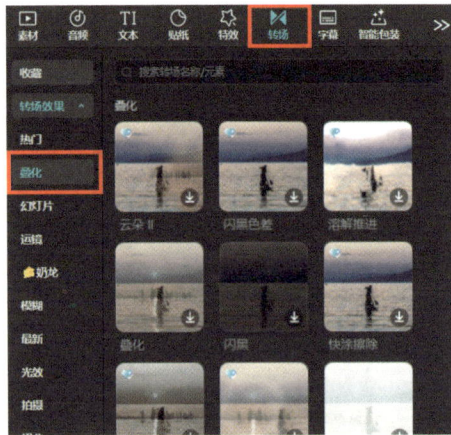

图10-33

用鼠标选中喜欢的转场后，直接将其拖拽到时间轴上的两段素材之间，就完成了转场的添加和调用，如图 10-34 所示。

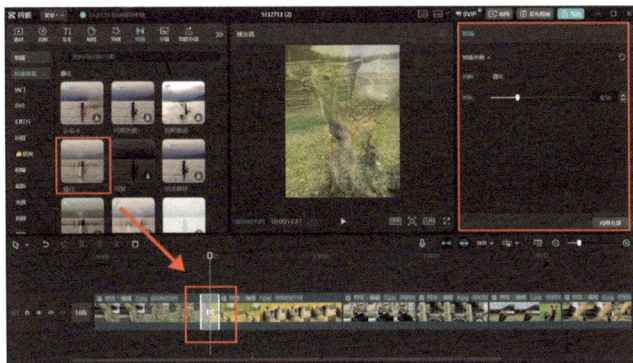

图10-34

10.4.2　实操案例：风景氛围感转场

本节将通过一个风景图片的混剪视频，讲解如何在剪映专业版中添加转场效果。具体的操作步骤如下。

01 打开剪映专业版软件，导入多张风景照片，并将每张照片的时长调整为2s，如图10-35所示。

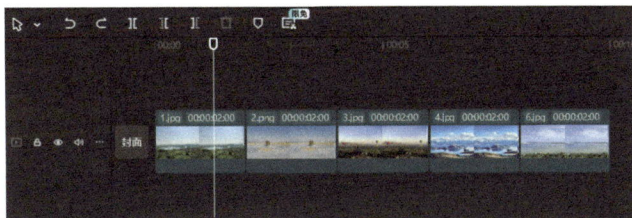

图10-35

02 可以首先为图片加点特效，让画面具有动态效果。单击工具栏中的"特效"按钮，将素材区左侧的选项卡切换至"画面特效"，选择"运镜"分类中的"轻微抖动"特效，将其添加到时间轴的单独轨道上。将特效素材右侧的白色边框向右拖动，使其长度和视频长度保持一致，使效果能作用到所有照片。选中"轻微抖动"特效，右上角的属性区就变成"特效"属性区，将"范围"和"速度"数值降低，如图10-36所示。

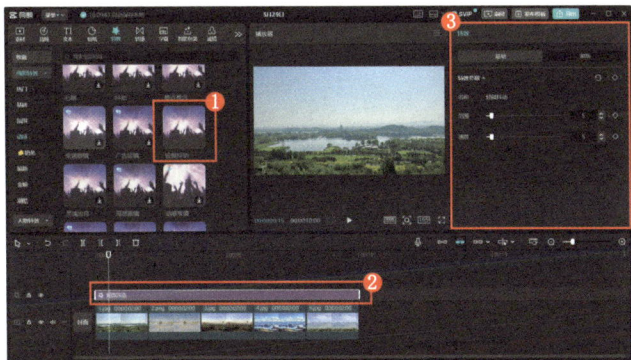

图10-36

197

03 单击工具栏中的"转场"按钮⚆,选择"运镜"分类中的"横移模糊"转场,将其拖拽到两段素材之间。两段素材首尾相接处,随即出现⚆符号,代表该处有转场。单击该符号,右上角的属性区就变成"转场"属性区,可以在此处调整转场的持续时间等相关参数,如图10-37所示。

图10-37

04 最终效果如图 10-38 至图 10-40 所示。

图10-38　　　　　　　　　　图10-39　　　　　　　　　　图10-40

10.5 知识拓展:剪映中的动画、关键帧、转场与特效的区别

在短视频剪辑中,动画、关键帧、转场与特效是四大核心工具,它们共同构建了视频的视觉节奏。在利用剪映制作视频的过程中,许多初学者常混淆其功能边界。例如,在剪映中,想要让一张图片产生动态效果,利用添加图片特效、添加关键帧、添加入场动画等多种方法都可以实现,这说明这些功能在应用场景上是有重叠的。那么,这些功能有什么区别呢?

下面通过表 10-1 对比解析四者的作用对象、核心作用及应用场景,帮助创作者精准运用工具,提升视频的专业性与表现力。在实践中,建议以"少即是多"为原则,优先保障内容连贯性,再以技术工具画龙点睛。

表10-1

功能	作用对象	核心作用	应用场景
动画	单段素材，包括文字、图片、视频	提前预设好的运动效果，如入场、出场动态效果，无法逐帧调整	文字镜像翻转、图片缩放
关键帧	任意素材属性，如位置、大小、透明度等	标记属性变化的起止状态，可以自定义动态变化，能实现复杂动画	模拟镜头推拉、复杂路径运动、属性渐变、蒙版追踪
转场	两段素材片段的衔接处	连接两段相邻素材，实现场景间的平滑过渡	场景切换、节奏衔接
特效	整个画面或者局部区域	叠加在画面上的视觉元素，用于增强视觉氛围或风格化	添加自然现象、光效、颗粒感等氛围元素

第 **11** 章

用DeepSeek生成
创意文本

　　DeepSeek 是一款人工智能辅助工具，专注于文本生成与创意支持，如图11-1所示。它基于大数据分析与自然语言处理技术，能够为创作者提供选题策划、文案撰写、脚本生成等文字创作支持，我们只需要在AI生成的内容上做优化调整，就能高效产出优质视频。

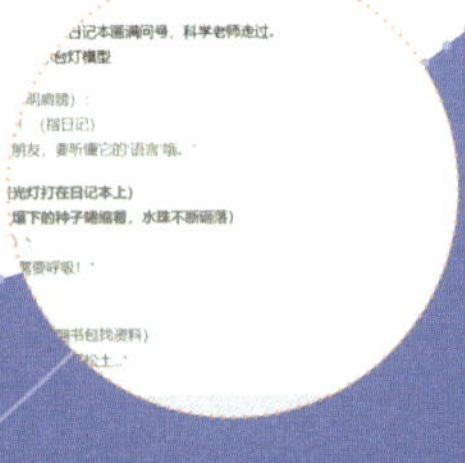

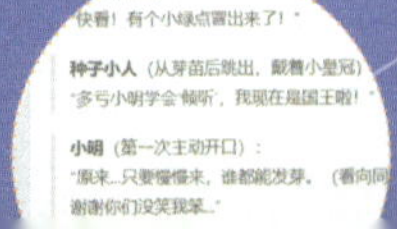

本章将从创意选题、文案台词、剧本分镜三个维度，介绍如何利用 DeepSeek 生成 AI 文本。

图11-1

11.1 创意选题

短视频创作的核心在于持续产出优质创意，但灵感枯竭是每位创作者或多或少都会遇到的问题。当创意进入瓶颈期时，我们可以借助 DeepSeek 分析爆款内容规律，捕捉特点趋势，快速生成适合不同垂类内容的创意灵感和选题方向。

01 向 DeepSeek 发送"推荐 10 个热门的短视频话题"的指令，DeepSeek 生成的回复如下。

请结合当前各大短视频平台的内容，帮我推荐 10 个热门的短视频话题。

据当前短视频平台的流行趋势和用户内容偏好，以下是 10 个热门的短视频话题推荐及创作方向分析：

1. 城市文化探索与打卡：聚焦城市文化符号（如历史建筑、市井烟火）的创意呈现。

2. 国潮与传统文化创新：国潮元素持续火爆，如汉服变装、非遗技艺与现代生活的融合。

3. 知识科普与碎片化学习：用户对知识类内容需求旺盛，涵盖科学、历史、生活技巧等。例如，用动画解释复杂概念（如宇宙奥秘）或方言讲述地方历史。

4. 微短剧与剧情化叙事：微短剧用户规模达 6.62 亿，用户偏爱紧凑的剧情（如职场逆袭、家庭情感）。

5. 科技炫技与未来想象：科创主题热度攀升，如 AI 生成内容、智慧城市、航天科技。

6. 正能量与社会公益：政策推动清朗网络空间，反诈、扶贫、助农等内容受青睐。例如通过悬疑短剧普及反诈知识。

7. 美食探店与创意料理：美食类内容始终是流量密码，尤其是地域特色（如北京冰糖葫芦、川渝火锅）和创意烹饪（如分子料理）。

8. 才艺表演与创意融合：唱歌、舞蹈、乐器演奏等才艺类内容持续热门，需加入个性元素（如传统乐器演奏流行音乐）。

9. 户外运动与极限挑战：用户对新鲜体验和视觉刺激需求高，如滑雪、攀岩、街头健身。

---

10. 宠物萌宠与情感治愈：萌宠内容天然具有传播力，可结合拟人化叙事或宠物与主人的互动故事。

02 有了话题，就可以选中自己感兴趣的类型，继续让 DeepSeek 在某个类别下提出一些细分主题和创意建议，为我们的创作提供更多的参考，如下所示。

⚐ 你是一位文化领域的短视频创作者，请在"城市文化探索与打卡"话题下，列出 3 个细分主题，每个细分主题下再延伸出 3 个具体的选题建议。请以表格的方式呈现。

👉 以下是按照要求整理的选题规划表，结合城市文化探索与打卡的热点趋势，突出差异化内容角度：

细分主题	选题建议
历史遗迹新视角	1. 藏在 CBD 中心的百年老街建筑群拍摄指南 2. 被遗忘的古城门传说与探秘路线 3. 同一地标建筑的古今对比拍摄技巧（航拍 + 地面视角）
市井烟火解码	1. 本地人私藏的早餐江湖地图（含方言砍价教学） 2. 夜市摊主生存实录：凌晨 3 点的城市 B 面 3. 即将消失的老手艺店铺抢救性记录
赛博朋克城市	1. 废弃工厂改造的赛博风艺术园区打卡攻略 2. 地铁隧道里的数字艺术展沉浸体验 3. 科技园区夜间灯光秀的创意拍摄机位

提示

领域限定 + 数量要求 + 平台特性 + 内容结构 + 呈现形式指引

11.2 文案台词

短视频创作者常面临双重压力：既要保证更新频率，又要维持内容质量。DeepSeek 不仅能快速输出匹配热点的选题方向，还能自动生成带有网络热词、节奏紧凑、架构完整的口播文案。

01 向 DeepSeek 发送撰写口播稿的指令，DeepSeek 生成的回复如下。

⚐ 你是一名广告博主，请写一段 30 秒的防晒霜口播稿，要轻松有趣。

👉【活力开场音乐起】
"姐妹们听好啦！这个夏天谁也别想把我晒黑！新宠防晒霜申请出战——SPF50+ PA++++，出门前抹一抹，紫外线直接懵圈！质地像奶茶奶盖一样丝滑，成膜快不搓泥，跟油腻说拜拜！

海边逛一天回来，闺蜜惊呼：'你咋还白得发光？'悄悄告诉你，轻微提亮效果直接省了素颜霜，妈生好皮 get！记住啦！防晒不狠，变黑站稳！现在下单还送 mini 装，揣兜里随时补涂，这个夏天咱们和紫外线死磕到底！冲！"
【欢快音效收尾】

02 对文稿的结构和语言风格进一步细化，如下所示。

> ⚠ 请调整上述文案的结构，包含开场悬念、痛点抛出、解决方案、行动号召四部分，每部分用场 1、场 2、场 3、场 4 分隔。同时将文案转为口语化。

> 🐬 好的！根据四幕结构重新调整节奏，加入更多搞笑互动细节。
>
> 【轻快音乐铺垫】
>
> 场 1 开场悬念：
>
> "姐妹们！猜猜我上周去海边发生了啥？所有照片发群里——居然没人问这是谁！（突然偷笑）因为……我白到像自带反光板啊！"
>
> 场 2 痛点轰炸：
>
> （语速加快）"防晒涂了个寂寞说的就是你吧？出门两小时油成煎饼侠！流白汗像融化的蜡烛！最扎心的是晚上洗脸——好家伙！晒出个黑脸 V 领项链！"
>
> 场 3 王炸方案：
>
> （神秘音效 + 气泡声）"这支防晒霜简直是开了物理外挂！SPF50+ 把紫外线按在地上摩擦！奶茶奶盖质地（啾~）一抹直接隐身！成膜快到能追地铁！重点来了——（突然欢快）自带妈生级冷白皮滤镜，闺蜜疯狂追问是不是偷偷开了美颜！"
>
> 场 4 紧急召唤：
>
> （急促鼓点 + 收银机音效）"现在下单立送 mini 装！比口红还小直接塞进辣妹包！（突然变小声）隔壁直播间已经抢疯了……库存只剩这——么点儿！（恢复元气）戳下方链接！三秒下单的姐妹今晚做梦都是白的！冲啊！"
>
> 【气泡炸开音效 + 少女欢呼声】

11.3 剧本分镜

　　当我们脑海中有一个想法或者故事灵感，想要制作成短视频或者动画时，首先需要基于故事的雏形或者梗概，形成一个内容丰富、架构饱满的剧本。进一步在剧本的基础上，将文字描述转换为具体的拍摄方案，也就是分镜头脚本。传统的创作过程往往需要耗时数周并且专业门槛高。如今 DeepSeek 能一键将故事灵感转化为完整剧本，还可以拆解出具体的分镜脚本，极大地提升了创作效率。

01 向 DeepSeek 发送提供故事选题的指令，DeepSeek 生成的回复如下。

> ⚠ "以小孩和植物"为主题，创作一个故事。请帮我提供一些好的选题方向和创意。

> ☞ 以下为你推荐几个适合儿童与植物互动的视频故事创意方向：
> 1. 生命成长与责任：小孩照顾植物，经历发芽、开花，过程中学习责任和生命的意义。
> 2. 自然材料的科学探秘：一群孩子在森林中发现了一种神秘果实"泡泡果"，通过猜想、实验（如搓泡泡、制作肥皂）解锁其科学奥秘。
> 3. 植物奇幻世界冒险之旅：主角偶然获得一株会说话的"月光花"，跟随它进入植物王国，拯救因污染而枯萎的森林。
> 4. 跨代际的自然传承：城市女孩暑假回到乡下外婆家，起初嫌弃田园生活，却在外婆指导下种植向日葵，并发现外婆珍藏的"植物记忆盒"（旧照片、干花标本）。两人通过照料植物重建情感纽带。
> 5. 植物感官与艺术表达：孩子通过观察、肢体动作、艺术创作与植物互动。

02 从提供的选题里挑选一个感兴趣的故事，撰写出大纲，让 DeepSeek 生成完整剧本，DeepSeek 生成的回复如下。

> ⚠ 故事梗概：一个内向的孩子在班级植物角领养了一颗"总是无法发芽"的种子，通过每日浇水、记录生长日记，逐渐理解植物生长的条件（如光照、水分、耐心）。过程中，孩子与种子建立情感联结，甚至将种子的"失败"拟人化为"种子小人的哭泣"，最终在科学探究和同伴帮助下成功培育出植物。请将这个故事写成完整的剧本。要求分为三幕，角色设计鲜明，对话简洁生动。

> ☞ 以下是根据你的故事改编的儿童剧本《会发芽的勇气》，结合儿童剧本创作技巧和角色成长主题进行创作：
> 第一幕：沉默的种子
> 场景：教室植物角，阳光透过窗户洒在花架上，摆着各种小盆栽，唯独小明领养的花盆空空如也。
> 道具：彩笔、日记本、喷壶、放大镜
> （灯光亮起，小明独自蹲在花盆前，其他同学在远处嬉戏）
> 小明（对着花盆轻声）："第十天了……你怎么还不发芽呢？（翻开日记本）我每天给你浇水，像妈妈照顾我一样……（停顿）是不是我太笨了？"
> （种子小人突然从花盆后探出头，抹着眼泪）
> 种子小人（抽泣）："你浇太多水啦！我的根都泡烂了……（跺脚）我需要阳光！需要空气！需要你慢慢来！"
> （小明吓得后退，撞到走来的小美）
> 小美（扶住他）："哇！你在和谁说话呀？要不要试试我的'植物急救箱'？"
> ……（因本书篇幅有限，仅展示生成的部分内容）

03 进一步将文字剧本设计成分镜头脚本，DeepSeek 生成的回复如下。

为上面的剧本设计一个分镜头脚本，包括序号、景别、镜头运动、内容、音效等，以表格的形式呈现。

以下是《会发芽的勇气》分镜脚本设计，包含视觉化叙事核心要素和儿童剧舞台特点：

序号	景别	镜头运动	内容	音效 / 背景声
1	全景	固定镜头	阳光下的教室植物角，小明独自蹲在空花盆前，其他同学在背景中追逐打闹	欢快的课间铃声，远处嬉笑声
2	特写	缓慢推近	小明颤抖的手指轻触花盆边缘，日记本上歪歪扭扭写着"第10天：没发芽"	铅笔划过纸张的沙沙声
3	中景	俯拍转平视	种子小人突然从花盆后跳出来，绿色芽苗发卡沾着泥点，双手夸张抹眼泪	卡通化的抽泣声（噗噜噗噜）
4	过肩镜头	左右轻微摇晃	小明吓得跌坐在地，撞到背后的小美，小美的植物急救箱散落彩色营养土	玻璃瓶碰撞的叮当声
5	大特写	旋转镜头	日记本内页：画着流泪的种子小人，被水渍晕开的蓝色蜡笔痕迹	水滴落入盆中的"嗒嗒"声
…… （因本书篇幅有限，仅展示生成的部分内容）				

第 **12** 章

用即梦生成创意图片

在视频创作中，优质的画面素材是提升作品感染力的关键，但寻找合适的图片、视频素材往往耗费大量时间。剪映与即梦AI的深度联动提供了一种更加灵活的解决方案：通过AI技术生成素材，再导入剪映进行剪辑加工，让创作者从"大海捞针"的素材困境中解放出来，专注于内容表达。本章将聚焦即梦的AI作图功能，讲解如何通过文生图、图生图技术为剪映创作注入新动能。

即梦 AI 是字节跳动旗下的一站式 AI 创意创作平台。它的核心功能涵盖 AI 作图、AI 视频、数字人、智能画布、故事创作等。即梦 AI 拥有网页版和移动版两个版本，两者的功能基本一致，网页版支持更加精细化的调整，适合长时间深度创作。注意，本书后续的案例都将采用即梦网页版。

在计算机浏览器中输入"即梦"，搜索即梦官方网站。进入官方网站的登录界面以后，单击"登录"按钮，登录后即可打开即梦，如图 12-1 所示。

图12-1

12.1 文生图案例

AI 生图是基于文字描述或参考图片，由人工智能自动生成全新图像的技术，包括文生图和图成图两种。文生图技术是通过输入自然语言描述，AI 工具自动生成与文本匹配的图片，适用于快速构思场景、角色或抽象概念。在视频创作中碰到制作定制化封面、为解说类视频快速生成配图、制作可视化分镜脚本等需求时，就可以使用文生图的功能。

12.1.1 基础操作

下面介绍文生图的具体操作方法。

01 进入即梦 AI 主页，单击"AI 作图"区域中的"图片生成"按钮，就可以进入"图片生成"页面，如图 12-2 所示。

02 "图片生成"页面的左侧是编辑区，用于输入描述词，设置图片相关参数。右侧是素材区，显示生成的图片素材。在描述词输入框中，输入文字描述想要生成的图片，单击"立即生成"按钮，如图 12-3 所示。

图12-2

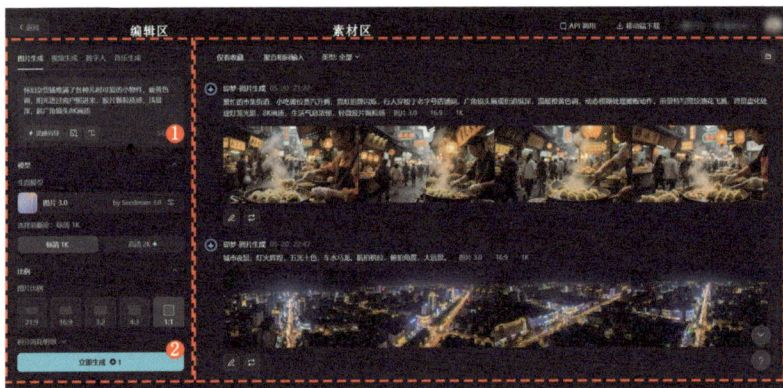

图12-3

03 执行操作后，右侧的素材区中会生成 4 张新的图片，从中选取满意的一张，单击放大预览，如图 12-4 所示。

图12-4

04 预览窗口提供了很多二次创作的工具，用来进一步修改图片细节、提升图片的画质。还可以通过"再次生成"功能重新生成另一组新的图片，如图 12-5 所示。

图12-5

12.1.2　生成描述词

当缺少灵感或者不知道怎样准确描述想要生成的图片时，我们可以借助即梦 AI 中的灵感向导，帮助我们生成描述词。

01 在"图片生成"页面的描述词输入框中，找到并单击"灵感向导"按钮，如图 12-6 所示。在打开的对话中，输入自己初步的想法，如图 12-7 所示。

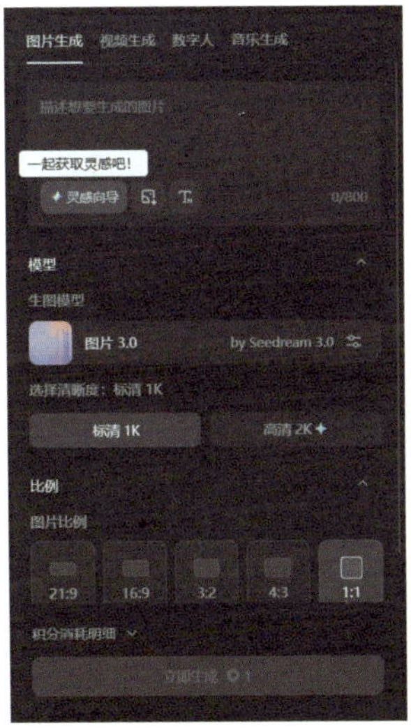

图12-6

图12-7

02 单击 按钮，灵感向导就会帮我们生成细节比较丰富的描述词，如图 12-8 所示。我们可以将生成的描述词进一步修改和优化，然后粘贴到描述词输入框中。在编辑区中，我们还可以对模型、清晰度、比例等选项进行调整。当前，即梦 AI 的生图模型已经升级到 3.0，更具有电影质感，对文字的理解更准确，如图 12-9 所示。生成的效果如图 12-10 所示。

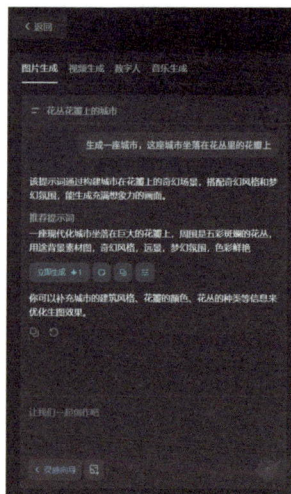

图12-8

图12-9

图12-10

03 同一组描述词，利用不同的模型，生成的图片效果差别很大。图12-11所示的是采用即梦 AI 3.0模型生成的图片，图12-12所示的是采用即梦 AI 2.0 Pro 模型生成的图片。两个模型对文字的理解有所不同，我们可以根据自己需求选用合适的模型。

图12-11

图12-12

12.2 图生图案例

图生图则是另外一种生图方式。它是基于现有图片进行风格迁移、元素扩展或缺陷修复，适合素材二次创作。下面通过一个小案例介绍图生图的具体操作方法。

01　进入"图片生成"页面后，在描述词输入框中，找到并单击"导入参考图"按钮，如图 12-13 所示。导入一张想要参考的图片后，将会打开"参考图"面板。我们可以选择参考原图的主体、人像、角色特征、风格等生成图片。这个案例想要生成一个和原图古装女生长得一模一样的现代女生，为后续制作一个古今对比的视频做准备。因此，此处选择的是参考"角色特征"，如图 12-14 所示。

图12-13

图12-14

02　还可以对脸部参考强度和主体参考强度进行设置。因为需要生成同一个人，要求角色的一致性，所以提高了脸部参考强度。而生成的角色动作可以随机一些，因此适当降低主体参考强度，如图 12-15 所示。设置完成后，单击"立即生成"按钮，如图 12-16 所示。

图12-15

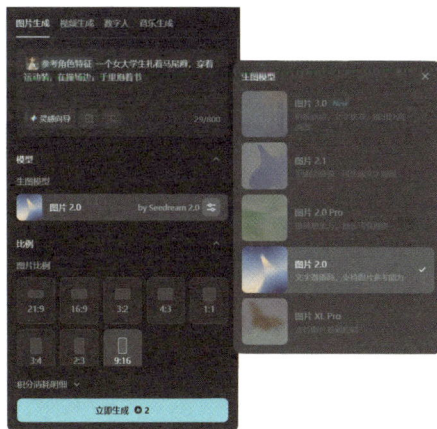

图12-16

03　在生成的 4 张新图片中选一张比较满意的，单击放大预览。女孩头上原本戴的花也保留了下来，和当前场景不一致。单击"消除笔"，如图 12-17 所示。

04　借助消除笔，在画布上涂抹想要去掉的花，使其被颜色层覆盖住，单击"立即生成"按钮，如图 12-18 所示。

图12-17

图12-18

05 执行操作后，现代女孩头上的花去掉了。参考原图（见图 12-19）和生成的图（见图 12-20）进行对比，就仿佛是同一个人穿越古今。

图12-19

图12-20

第 **13** 章

即梦+DeepSeek
生成AI视频

AI生成视频技术正以前所未有的速度重塑内容创作生态，其核心是通过深度学习模型将文本、图像或视频输入转化为动态视频内容。本章将介绍即梦的AI视频生成功能。

13.1 文生视频案例

文生视频是一种通过输入自然语言描述，自动生成动态视频的技术。它通过深度学习模型将文本中的语义、场景、动作等信息转化为连贯的视觉画面，并模拟物理规律、时间连贯性和艺术风格，生成符合人类审美的视觉作品。

13.1.1 基础操作

下面介绍文生视频的具体操作步骤。

01 进入即梦 AI 主页后，单击"AI 视频"区域中的"视频生成"按钮，就可以进入"视频生成"页面，如图 13-1 所示。

图13-1

02 "视频生成"页面与"图片生成"页面的布局大致相同。左侧是编辑区，用于输入描述词，设置视频相关参数。右侧是素材区，显示生成的视频素材。

03 在左侧编辑区中，单击"文本生视频"就能切换出描述词输入框，输入一段文字详细描述想要生成的视频。即梦 AI 提供了多种视频模型，此处先选择"视频 1.2"模型，如图 13-2 所示。

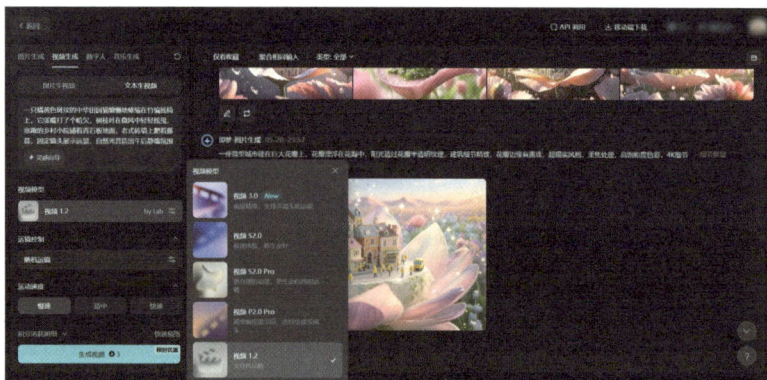

图13-2

04 "视频1.2"模型支持运镜控制，打开"运镜控制"面板后，就可以设置镜头的运动方式。此处，我们选择向后的拉镜头，将幅度设置为"中"，如图13-3所示。

05 还可以在编辑区中继续设置运动速度、生成时长、视频比例等，设置完成后，单击"生成视频"按钮，如图13-4所示。

图13-3

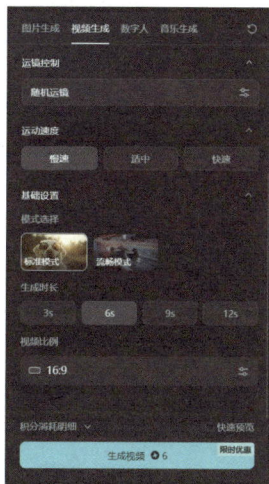

图13-4

06 执行操作后，右侧的素材区中会生成一段新的视频，单击这段视频放大预览，如图13-5所示。

图13-5

07 预览窗口提供了很多工具，例如，"提升分辨率"用来提升视频的画质，"补帧"用来补充每秒的帧数，让运动更加流畅。还可以通过"再次生成"功能重新生成另一段新的视频，如图13-6所示。

图13-6

08 最终效果如图 13-7 和图 13-8 所示。

图13-7

图13-8

13.1.2 复杂运镜的描述词设计

前面的 1.2 模型尽管能通过运镜控制，生成运动镜头，但是运动方式比较单一。当前即梦 AI 的视频模型已经升级到 3.0，相较于其他模型，它能生成运镜更加复杂的视频。如果我们不太知道怎么准确地描述镜头运动的方式，那么可以借助 DeepSeek，规划设计一些有创意的运镜方式。具体的操作步骤如下。

01 向 DeepSeek 发送设计运镜方式的指令，DeepSeek 生成的回复如下。

> 🔼 我需要用文生视频的方式生成 AI 视频，结合影视语言逻辑与 AI 生成特性，请总结设计一组常见的文生视频的运镜组合方式及提示词，适合即梦 AI、可灵 AI、豆包等主流工具使用。

> 🐬 根据影视语言逻辑与 AI 生成特性，结合即梦 AI、可灵 AI、豆包等主流工具特点，我为你总结以下 6 类文生视频运镜组合方式及提示词设计框架：
> **一、情绪递进组合（煽情 / 治愈）**
> **运镜公式**：推镜头 + 特写 + 慢动作
> **适用场景**：人物情感特写、产品细节展示
> **提示词示例**：镜头缓慢推进至老人颤抖的双手，特写老照片上年轻的笑脸，慢动作中画面渐暗转黑白，背景音乐渐弱
> **二、悬念构建组合（悬疑 / 惊悚）**
> **运镜公式**：低角度跟拍 + 甩镜头 + 手持抖动

适用场景：探秘场景、动作追逐

提示词示例：低角度跟拍小偷蹑脚前行，镜头突然甩向街角监控红灯，手电筒光束剧烈抖动，地面摩擦声渐强

三、场景转换组合（宏大叙事）

运镜公式：升降镜头 + 环绕运镜 + 大场景

适用场景：环境开场 / 结局、建筑展示

提示词示例：升镜头从主角头顶升至城市全景，无人机 360° 环绕展现城市车水马龙

……（因本书篇幅有限，仅展示生成的部分内容）

02 参考 DeepSeek 生成的提示语，设计一段运镜较为复杂的提示词，输入描述词输入框中，如图 13-9 所示。在视频模型处选择"视频 3.0"模型，将生成时长调整为 10s，以便镜头生成得更加完整，如图 13-10 所示。

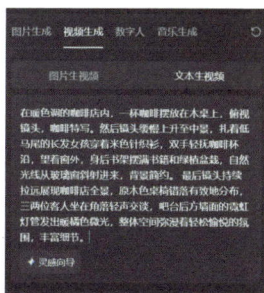

图13-9

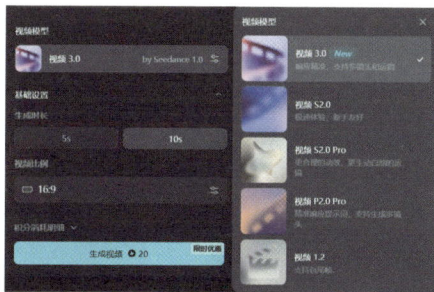

图13-10

03 设置完成后，单击"生成视频"按钮，经过多次修改和重新生成，最终得到的视频如图 13-11 至图 13-13 所示。这是一个一气呵成的长镜头，视频从咖啡特写开始，逐渐上移拉远至女孩中景，然后持续后退拉远展现咖啡店全景。

图13-11

图13-12

图13-13

提示

运镜类型 + 主体动作 + 场景细节 + 动态元素 + 速度

13.2 图生视频案例

除了输入文字描述，我们还可以借助 AI 技术，将静态图片转化为动态视频。即梦 AI 的图生

视频功能，可以从单张图片中推断出合理的运动轨迹和场景变化，生成连贯的短视频内容。例如，用户上传一张老照片，即梦 AI 可生成人物微笑、风吹动发丝等动态效果，使画面"活"起来。

13.2.1　基础操作案例：动起来的《冬日婴戏图》

下面通过一个让古代名画《冬日婴戏图》（见图 13-14）动起来的小案例，介绍图生视频的基础操作方法。

01 进入"视频生成"页面后，在编辑区中单击"图片生视频"按钮，切换出"上传图片"输入框，如图 13-15 所示。

02 导入一幅古代名画《冬日婴戏图》，输入几句话，简单地描述一下如何让画面动起来。然后选择"视频 3.0"模型，生成时长设置为 10s，如图 13-16 所示。

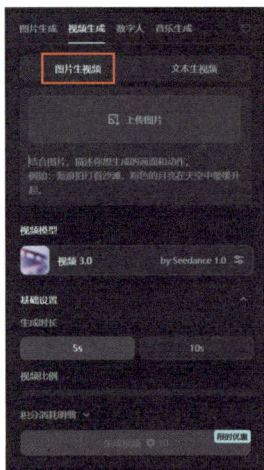

| 图13-14 | 图13-15 | 图13-16 |

03 单击"生成视频"按钮后，就得到一段新的视频。如果对视频效果不满意，还可以选择再次生成，每一次得到的视频都有所不同。经过多次重新生成后，最终得到了一段效果不错的视频，如图 13-17 至图 13-19 所示。

| 图13-17 | 图13-18 | 图13-19 |

13.2.2 多个镜头叙事案例：一条指令生成带情节的视频

最新的视频模型不仅可以生成运镜复杂的单个镜头，甚至还可以通过一条描述词，一次性生成连续的、成组的多个镜头。

下面的案例是根据一张图（见图13-20），生成一段有情节的视频。一个女孩开心地拿着冰棍，此时一只虫子落到了冰棍上，女孩惊讶极了。这段视频由4个分切镜头组成，是通过一段描述词直接生成的。具体的操作步骤如下。

01 进入"视频生成"页面后，在编辑区中单击"图片生视频"按钮，切换出"上传图片"输入框。

02 导入图13-20作为参考图，在描述词输入框中，详细描述需要生成的镜头。比如，镜头数量、每个镜头的景别、运镜方式和具体内容。细节描述得越丰富，生成的视频就越符合我们原本的创意。具体的描述词如图13-21所示。

图13-20

图13-21

> **提示**
>
> 分镜拆分参考：镜头序号＋景别＋运镜方式（转场方式）＋内容

03 选择"视频3.0"模型，生成时长设置为10s，单击"生成视频"按钮后，经过多次重新生成，最终得到了一段比较满意的视频。该视频的第一个镜头是中景，女孩拿着冰棍开心地笑着，如图13-22所示。第二个镜头是近景，一只虫子飞到画面中，如图13-23所示。第三个镜头是特写，虫子落到了冰棍上面，如图13-24所示。第四个镜头是近景，女孩惊讶地看着冰棍上的虫子，如图13-25所示。

图13-22

图13-23

图13-24

图13-25

13.2.3　首尾帧+剪映案例：复刻经典电影镜头

　　首尾帧技术是通过上传首帧图片（视频起始画面）和尾帧图片（视频结束画面），结合文字描述过渡效果，由 AI 自动生成中间过渡帧，最终形成流畅的动态视频。这项功能可以精准控制视频内容的起始与结束状态，同时提升创作效率与画面连贯性。

　　下面案例的灵感来源于经典电影《阿甘正传》的片头，一片羽毛从高空缓缓飘落，镜头也随之移动到不同的场景。具体的操作步骤如下。

01 进入即梦 AI 主页后，单击"AI 作图"区域中的"图片生成"按钮，如图 13-26 所示。

图13-26

02 进入"图片生成"页面后,在描述词输入框中输入文字,描述想要生成的图片,选择"图片3.0"模型,16:9 比例,单击"立即生成"按钮,如图 13-27 所示。随即得到如图 13-28 所示的羽毛图片。

图13-27

图13-28

03 回到"图片生成"页面,在描述词输入框中,单击"导入参考图"按钮,导入刚才生成的羽毛图片作为参考。在描述词输入框中输入文字,强调新图中要生成原图的羽毛,同时描述新图的环境细节,如图 13-29 所示。单击"立即生成"按钮后,得到如图 13-30 所示的新图。

图13-29

图13-30

04 继续返回"图片生成"页面,在描述词输入框中,单击"导入参考图"按钮,依然导入生成的第一张羽毛图片(见图 13-28)作为参考。在描述词输入框中输入文字,强调新图中要生成原图的羽毛,同时描述新图的环境细节,如图 13-31 所示。单击"立即生成"按钮后,得到如图 13-32 所示的新图。

图13-31

图13-32

05 利用生成的图片生成视频。返回即梦 AI 主页，进入"视频生成"页面，单击"图片生视频"按钮，选择"视频 1.2"模型（该模型支持首尾帧）。首帧图片导入图 13-28，尾帧图片导入图 13-30，添加描述词，以生成羽毛从天空飘落到城市上空的镜头，如图 13-33 所示。

06 生成第二段视频。同样在"视频生成"页面中，单击"图片生视频"按钮，选择"视频 1.2"模型。首帧图片导入图 13-30，尾帧图片导入图 13-32，添加描述词，以生成羽毛从城市上空飘落到书本上的镜头，如图 13-34 所示。

07 生成第三段视频。同样在"视频生成"页面的"图片生视频"模式下，导入图 13-32，添加描述词，以生成一只手入画拿走书的镜头，如图 13-35 所示。

图13-33

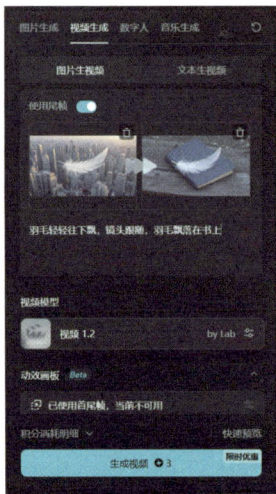

图13-34

图13-35

08 将得到的三段视频导入剪映，将它们拼接在一起，并根据需要添加文字、音乐和适当的效果。至此，一段完整的视频就制作好了，如图 13-36 所示。

图13-36

09 这段 AI 视频完全依靠文本生图片、图片生视频的方式制作完成。由于每个镜头的首帧是上一个镜头的尾帧，因此能够很连贯地组接下来。镜头开端是一片飘在天空中的羽毛，随后镜头跟随羽毛缓缓下落，经过城市高空，最终落在一本书上。随后一只手入画，拿走了书，羽毛缓缓飘落，停留在原地。最终效果如图 13-37 至图 13-42 所示。

图13-37

图13-38

图13-39

图13-40

图13-41

图13-42

第 14 章

剪映智能剪辑+多款 AI工具联动

在快节奏的内容时代，剪映不仅通过内置的智能剪辑工具降低了剪辑的门槛，更是成为联通创意与技术，协同多方工具共同联动的平台。这意味着，创作者不再是孤立地使用某一款软件，而是协同多款软件和平台，共同将脑海中的创意世界转化为屏幕上打动人心的视听作品，真正实现"所想即所得"。

14.1 剪映的AI剪视频

　　面对海量素材的筛选和粗剪耗时难题，剪映的 AI 剪视频功能通过智能分析画面内容、语音识别或设定的关键词，自动识别精彩片段并完成初步拼接。在需要快速整理活动花絮，或者为 Vlog 挑选高光时刻时，这个功能可以节省大量时间，尤其适合需要快速出片的短视频创作者，让你更专注于精剪和故事线的打磨。

　　下面通过一个案例来具体讲解 AI 剪视频的操作方法。在本案例中，我们将利用 AI 剪视频功能，快速粗剪一段旅行 Vlog。

01 打开剪映 App，在开始界面单击"AI 剪视频"按钮，如图 14-1 所示。紧接着，单击"上传素材"按钮，如图 14-2 所示。在打开的素材选择界面中，选择想要使用的多段素材，单击"标记高光"按钮，如图 14-3 所示。

图14-1　　　　　　　　　　图14-2　　　　　　　　　　图14-3

02 左右滑动选择框，选出视频中比较不错的镜头，单击✅按钮，完成挑选，如图 14-4 所示。返回素材选择界面后，单击"下一步"按钮，如图 14-5 所示。此时，软件提示需要输入一段文字描述将要生成的视频。我们可以根据视频的内容和风格，输入相应的文字，然后单击"生成视频"按钮，如图 14-6 所示。

图14-4　　　　　　　　　　图14-5　　　　　　　　　　图14-6

03 经过分析画面内容，剪映自动识别精彩片段并完成初步拼接，还配上了字幕、旁白和音乐，如图 14-7 所示。可以单击底部的"声音"按钮，在展开的选项栏中单击"换音乐"按钮，如图 14-8 所示。挑选一段自己喜欢的音乐，将剪映自动添加的音乐替换掉，如图 14-9 所示。

图14-7 　　　　　　　　　　图14-8 　　　　　　　　　　图14-9

04 返回到主界面后，单击底部的"视频"按钮，如图 14-10 所示。在展开的面板中，可以调整视频片段的前后顺序，也可以对视频进行替换，如图 14-11 所示。操作完成后，返回到主界面，单击底部的"修改要求"按钮，如图 14-12 所示。

图14-10 　　　　　　　　　　图14-11 　　　　　　　　　　图14-12

05 对描述词作进一步修改和细化，让文案更加自然、贴切，如图 14-13 所示。操作完成后，返回到主界面，单击底部的"编辑更多"按钮（见图 14-14），则可以进入剪映的操作界面，对视频进行进一步的手动修改，如图 14-15 所示。

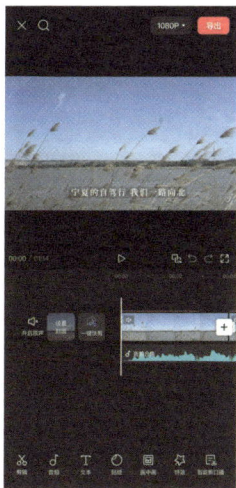

图14-13　　　　　　　　　　图14-14　　　　　　　　　　图14-15

06 最终效果如图 14-16 至图 14-18 所示。

图14-16　　　　　　　　　　图14-17　　　　　　　　　　图14-18

14.2　DeepSeek+即梦+剪映的图文成片

　　借助 DeepSeek 生成文案、即梦生成素材、剪映的图文成片功能可以将文字内容快速转化为带有画面、配音、字幕和背景音乐的完整视频。这极大地方便了知识分享、产品推广和新闻快讯类内容的视频制作，让你能迅速将文字价值转化为视觉呈现。

　　本节将利用剪映的图文成片功能和即梦的文生图功能，制作一段美食推荐短视频。具体的操作步骤如下。

01 打开剪映 App，在开始界面单击"图文成片"按钮，如图 14-19 所示。进入"图文成片"面板后，可以选择自由编辑文案，也可以根据视频内容选择相应的文案主题，如图 14-20 所示。这里是一个美食案例，单击"美食推荐"按钮后，就进入文案生成界面。在该界面中，输入美食的名称，同时输入一段描述词来解释想要生成的视频，比如本案例的想法是将中国节气和不同地域的面食结合起来。输入完描述词以后，单击左下角的模型，选择"DeepSeek-R1"，如图 14-21 所示。

  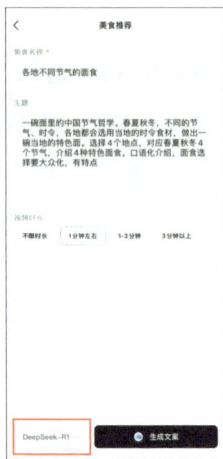

图14-19   图14-20   图14-21

02 根据描述词，剪映置入的 DeepSeek 模型很快生成了相应的文案，如图 14-22 所示。我们还可以对文案进行改写和优化，如图 14-23 所示。文案确认后，即可单击"生成视频"按钮。剪映提供了 3 种成片方式，我们首先选择"智能匹配素材"方式，如图 14-24 所示。在这种方式下，我们无须准备素材，剪映会根据文案自动地匹配画面、音乐等内容。

  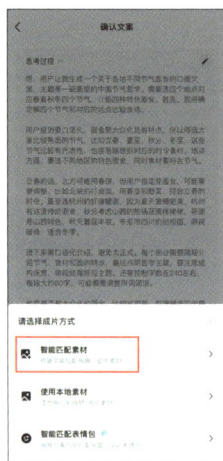

图14-22   图14-23   图14-24

03 选择"智能匹配素材"方式后，剪映很快生成了一条时间轴轨道，根据文案内容，时间轴上匹配了相应的字幕、画面和音乐，如图 14-25 所示。我们也可以使用自己准备的素材，生成内容更加精准的视频。在文案确认后，我们可以选择"使用本地素材"方式，如图 14-26 所示。然后进入一条时间轴轨道，字幕、音乐已经配好了，包括视频片段的长度也修剪好了，只需要将画面内容替换成自己的素材即可，如图 14-27 所示。

04 借助即梦的文生图功能，生成一帧好看的片头画面。进入即梦 AI 主页，单击"AI 作图"区域中的"图片生成"按钮，如图 14-28 所示。

图14-25

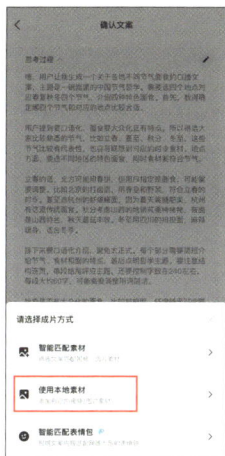
图14-26

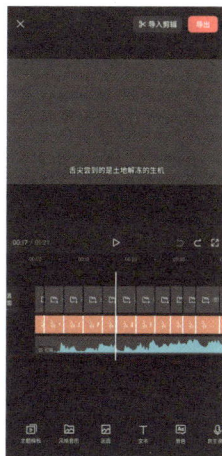
图14-27

图14-28

05　在"图片生成"页面的描述词输入框中，输入有关想要生成的图片的文字描述，如图14-29所示。在编辑区中，可以对模型、清晰度、比例等选项进行调整，如图14-30所示。

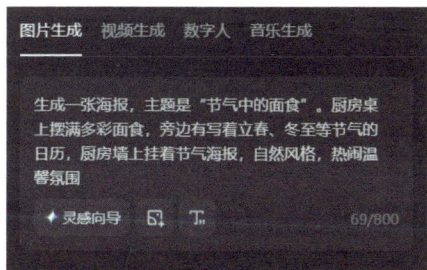
图14-29

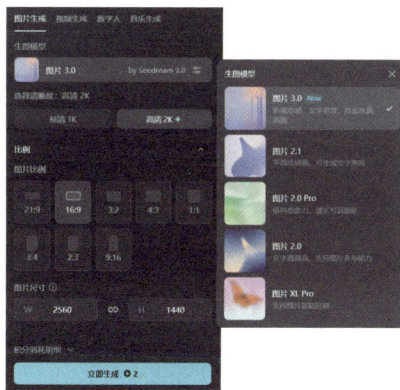
图14-30

06　单击"立即生成"按钮，素材区中会生成4张新的图片，如图14-31所示。

图14-31

07 从中选择满意的一张，单击放大预览并保存下来，如图 14-32 所示。返回剪映中，在前面的图文成片的时间轴中，单击选择一段空白的视频片段，单击底部的"替换"按钮，如图 14-33 所示。

图14-32

图14-33

08 选择刚才即梦生成的图片，如图 14-34 所示，将其替换进来。按照这样的方法，可以把自己的其他素材替换进时间轴中，如图 14-35 所示。也可以借助即梦 AI，按照我们的想法生成更多的图片和视频素材，让素材更加精准和可控。

图14-34

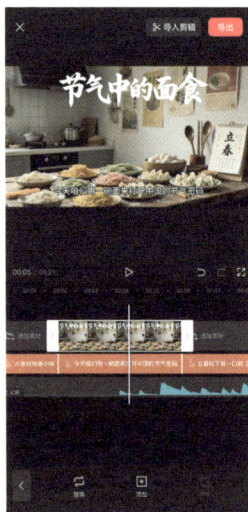

图14-35

14.3 DeepSeek+剪映的AI故事成片

本节将利用剪映的 AI 故事成片功能和 DeepSeek，制作一段绘本视频。具体的操作步骤如下。

01 打开剪映 App，在开始界面单击"AI 故事成片"按钮，如图 14-36 所示。进入"AI 故事成片"面板后，可以粘贴已有的文案，也可以利用 AI 直接生成视频文案。单击文案输入框中的"AI 生成"按钮，如图 14-37 所示。

图14-36

图14-37

02 进入文案生成界面后，需要输入文案的主题，同时输入一段描述词来阐释故事的核心要点，比如本案例是想要改编经典绘本故事。输入完描述词以后，单击左下角的模型，选择"DeepSeek-R1"，如图 14-38 所示。

03 根据描述词，剪映置入的 DeepSeek 模型随即生成一个全新的故事，我们可以对故事进行进一步的修正，也可以单击"使用"按钮，直接使用故事，如图 14-39 所示。

04 返回"AI 故事成片"面板，对画面风格、配音、背景音乐、视频比例进行设置，如图 14-40 所示。

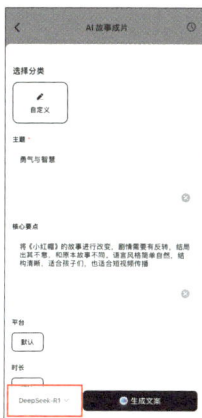

图14-38

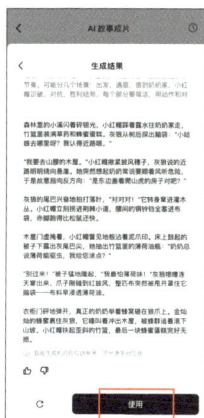

图14-39

图14-40

05 与图文成片功能类似，单击"生成视频"按钮后，剪映也会生成一条时间轴轨道，根据生成的故事，时间轴上匹配了相应的字幕、配音、画面和音乐，如图 14-41 所示。我们也可以使用自己准备的素材，将画面内容进行替换，如图 14-42 所示。其他的素材，包括配音的音色、背景音乐等，都可以按照自己的想法，进行自由调整。

图14-41

图14-42